Christa und Ulrike Marwedel

Was Kinder brauchen – was Eltern gut tut

HERDER / SPEKTRUM

Band 4509

Das Buch

Die Autorinnen zeigen aus ihrer langjährigen Erfahrung, wie geplagte Eltern zu Gelassenheit und Freude im Umgang mit ihren Kindern zurückfinden können. Ihr wichtigster Rat: sich auch selbst etwas Gutes zu tun. Denn wenn es den Eltern gut geht, geht es auch den Kindern gut. Die Autorinnen gehen ganz konkret auf die besonderen Probleme ein, die die Kinder, je nach Lebensalter, entwickeln: Wann ist ein Kind überfordert, wann unterfordert? Was können Eltern ihren Kindern zutrauen und zumuten? Wie können Eltern auch ihre eigenen Bedürfnisse zum Ausdruck bringen und für sich selbst gut sorgen? Die Autorinnen zeigen, wie mit der Methode der *Transaktionsanalyse* Konflikte durchschaubar und verständlich und damit Lösungen gefunden werden können. Ein praktischer Ratgeber, der die Basis für ein Familienklima schaffen hilft, in dem alle, Eltern wie Kinder, sich wohl fühlen können.

Die Autorin

Christa Marwedel, geboren 1927, Diplompädagogin, Ausbildung zur klinischen Transaktinsanalytikerin mit Lehrbefugnis, tätig in der Weiterbildung von Lehrern. Praxis in Kiel.
Ulrike Marwedel, geboren 1954, Studium der Pädagogik, Germanistik und Politik, Ausbildung in Geburtsvorbereitung. Sie unterrichtet werdende Eltern in der Arbeitsgruppe für natürliche Geburt in Hamburg. Selbsterfahrung und Weiterbildung in Transaktionsanalyse.

Christa und Ulrike Marwedel

Was Kinder brauchen – was Eltern gut tut

Transaktionsanalyse für den Familienalltag

Herder

Freiburg · Basel · Wien

Gedruckt auf umweltfreundlichem,
chlorfrei gebleichtem Papier

Alle Rechte vorbehalten – Printed in Germany
Verlag Herder Freiburg im Breisgau 1997
Herstellung: Freiburger Graphische Betriebe 1997
Umschlaggestaltung: Joseph Pölzelbauer
Umschlagfoto: Hartmut Schmidt, Freiburg
ISBN 3-451-04509-5

Inhalt

Warum noch ein Buch über Eltern und Kinder?

Wir schreiben dieses Buch für Eltern und andere Menschen, die mit Kindern zusammenleben und nach Möglichkeiten suchen, ihre Kinder dabei zu unterstützen, daß sie sich zu selbständigen, selbstverantwortlichen und zuversichtlichen Menschen entwickeln. In unserer Arbeit als Therapeutinnen sind wir immer wieder auf zweierlei Weise mit Schwierigkeiten, die das Zusammenleben mit Kindern mit sich bringen kann, konfrontiert. Zum einen sind unsere Klienten häufig Eltern, die das Leben mit ihren Kindern überwiegend als problematisch, erschöpfend, entnervend und verunsichernd empfinden. Zum anderen sind diese Eltern häufig selbst unglückliche Kinder von wiederum unglücklichen Eltern gewesen. Gleichzeitig erleben wir immer wieder in der therapeutischen Arbeit, welche Kraft von der Erinnerung an positive Erlebnisse und an liebevoll begleitende Erwachsene in der Kindheit ausgeht. Wie man heute weiß, geht es dabei nicht um spektakuläre Ereignisse, sondern eher um die alltäglichen positiv erlebten Beziehungen. Eltern, die entspannt und zufrieden sind, sind dazu eher in der Lage als Eltern, die sich überfordert und schwach fühlen. Uns ist klar, daß viele Familien unter belastenden Bedingungen leben müssen, die die Eltern gar nicht oder nur sehr mühsam verändern können (Arbeitslosigkeit oder unsichere Arbeitsplätze, Wohnungsnot, persönliche Verluste, finanzielle Not). Trotzdem meinen wir, daß es sich lohnt, auch in schwierigen Lebenssituationen Ausschau nach Lösungen zu halten, die das Wohlbefinden aller Beteiligten berücksichtigen. Problemlösungen, die nur dem

7

Wohl der Kinder dienen und die Eltern überwiegend zu „Dienern" ihrer Kinder machen, sind ebensowenig nützlich wie Lösungen, die sich ausschließlich an den Wünschen und Vorstellungen der Eltern ausrichten. Unsere Behauptung ist: Nur wenn beide Seiten zu ihrem „Recht" kommen, bekommen Kinder, was sie brauchen und Eltern, was ihnen gut tut. In der Transaktionsanalyse (TA) sehen wir ein Modell zum Verstehen menschlichen Verhaltens und eine Möglichkeit, mit Hilfe der aus ihr gewonnenen Einsichten das Zusammenleben mit anderen und besonders mit unseren Kindern neu zu gestalten: Anstatt althergebrachten Erziehungsbemühungen und -irrtümern zu folgen, wollen wir einfach achtungsvoll und gelassen miteinander umgehen. Als Psychotherapeutinnen haben wir miterlebt, wie z. B. Eltern durch Transaktionsanalyse ihr Leben veränderten und ihre Erkenntnisse im Leben mit ihren Kindern dazu benutzten, entspannter und lustvoller zu sein. Von den Konzepten der TA haben wir hier nur einige ausgewählt, da wir annehmen, daß sie in dieser Kombination besonders nützlich für Eltern sind. Wir bieten dazu in jedem Kapitel Übungen an, die Lernerfahrungen in kleinen Schritten ermöglichen sollen. Unserer Meinung nach gibt es keine Erziehungsmethode, die die einzig richtige ist. Wir gehen vielmehr davon aus, daß für das Wohlergehen eines Kindes die grundlegende liebevolle und wohlwollende Haltung der Eltern ihm gegenüber wichtiger ist als ganz bestimmte Erziehungspraktiken. Das ungestörte Aufwachsen eines Kindes wird wesentlich durch befriedigende Beziehungen der Familienmitglieder untereinander begründet. Wir wissen, daß die meisten Eltern ihren Kindern gute Eltern sein möchten und aus ihrer Befindlichkeit und ihrem Vermögen heraus danach handeln. Wir wollen daher Eltern in ihrem Bestreben, das Beste für sich und ihre Kinder zu tun, unterstützen und ermutigen. Wir möchten Eltern dazu verlocken, für sich selbst auch etwas Gutes zu tun, auch mit sich selbst liebevoll umzugehen, damit sie ein erfülltes

8

Leben führen können, was auch ihren Kindern zugute kommt. Kinder haben ein Recht auf Unversehrtheit. Eltern waren auch einmal Kinder, und vielen von ihnen wurde dieses Recht nicht zugestanden. Anstatt darüber zu hadern, können sie umlernen und ihren Kindern zu einem glücklicheren Leben verhelfen. Wir möchten dazu beitragen, daß Eltern und Kinder zu einem Leben mit Spaß und gegenseitiger Achtung finden.

Jeder Mensch braucht Zuwendung

Positive Zuwendung hilft uns wachsen – negative schränkt uns ein

Nach unserem heutigen Wissen kommt jeder gesunde Mensch mit der Möglichkeit auf die Welt, sich zu einem glücksfähigen, selbstbewußten und sicheren Menschen zu entwickeln. Niemand wird mit der Bestimmung geboren, unglücklich und selbstunsicher zu sein. Trotzdem geht es vielen Erwachsenen zumindest zeitweise so. Wir gehen davon aus, daß viele Menschen in der ersten Zeit ihres Lebens Erfahrungen machen, die sie unsicher, ängstlich und mit sich selbst unzufrieden machen. Wir alle brauchen unser ganzes Leben lang Bestätigung dafür, daß wir leben, daß wir handeln. Diese Bestätigung nennen wir Zuwendung. Im Idealfall bekommt ein Kind, wenn es geboren wird, positive Bestätigung für sein Dasein. Es wird von liebevollen Eltern versorgt, die sich in es einfühlen und lernen, seine Bedürfnisse zu verstehen und zu erfüllen. Diese Zuwendung ist für das Baby lebensnotwendig. Es muß nicht nur warm, trocken, sauber und satt sein, sondern es braucht auch Kontakt, Ansprache und Berührung. Wenn Babys schreien, können sie damit auch das Bedürfnis nach lebensnotwendiger menschlicher Nähe äußern. Die alte Auffassung, daß das Kind „versorgt" ist und zufrieden sein kann und „nur" unterhalten und verwöhnt werden will, scheint unausrottbar zu sein und wird selbst in Kliniken manchmal von Schwestern oder Kinderärzten verbreitet. Es ist ein Irrtum, zu glauben, daß Säuglinge am besten gedeihen, wenn sie viel

Ruhe haben und möglichst weit entfernt vom Getriebe der Familie allein liegen. Im Mutterleib hört das Ungeborene alle Umweltgeräusche mit und wird außerdem ständig berührt von den umgebenden lebendigen „Wänden", und es spürt auch die Hände seiner Eltern. Auch wenn das Kind heranwächst und erwachsen wird, braucht es weiter Zuwendung, Aufmerksamkeit und Berührtwerden. Berührtwerden spielt eine wichtige Rolle in kleinen und schwerwiegenden Lebenskrisen. Streicheln und Umarmung können die Schmerzen lindern, wenn ein Kind sich verletzt hat, trösten bei Verlust und Trauer und Veränderungen, die jedes Alter mit sich bringt. Die Arten der Zuwendung ändern sich allerdings in ihren prozentualen Anteilen, wenn das Kind sich entwickelt und der Mensch heranwächst. Das Kind lernt sprechen und entfernt sich weiter von den Eltern. Liebevolle Worte und ein Blick werden genauso empfunden wie eine Umarmung oder Streicheln. Hinzu kommt, daß die Zuwendung nun nicht mehr allein auf das Dasein bezogen ist, sondern auch auf ganz bestimmte Verhaltensweisen: „Oh, wie schön hast du den Tisch gedeckt!" „Mir gefällt, daß du ‚nein' gesagt hast." Das Kind braucht diese Bestätigung, daß es in speziellen Situationen ‚nein' sagen kann zu Forderungen anderer, damit es geschützt ist gegen Übergriffe, wie Berührungen, die es nicht mag, von Freunden oder Verwandten. Selbstsicherheit des Kindes und Jugendlichen in Bezug auf Verweigerung kann sexuellen Mißhandlungen manchmal vorbeugen. Kinder, die blind gehorchen, nicht „nein" sagen dürfen, grenzen sich in gefährlichen Situationen nicht angemessen ab. Zuwendung und Beachtetwerden für sein Dasein und sein Handeln braucht jeder Mensch sein Leben lang, um sich lebendig zu fühlen. Wenn ein Mensch allerdings keine positive Reaktion auf seine Existenz bekommt, bemüht er sich, wenigstens irgendeine Reaktion zu bekommen, auch wenn sie unangenehm oder schmerzlich für ihn ist. Kinder, die nicht erwünscht sind oder sich als störend erleben, können auf sich aufmerksam machen, indem sie „Mist machen". Es gibt Kinder, deren Mütter sich darüber beklagen, daß sie ständig aufpassen müssen, weil er oder sie etwas anstellen. Möglicherweise haben diese Kinder gemerkt, daß die Mutter sich mehr mit ihnen beschäftigt, wenn sie etwas kaputt oder schmutzig machen. Die Kinder bekommen also eine negative Antwort auf ihr Verhalten oder sogar auf ihre Person. Die Eltern schimpfen und bestrafen sie vielleicht sogar. „Du hast ja schon wieder...", „immer du...". Jeder Mensch zieht aus der Art, wie er in der Kindheit Zuwendung erfahren hat, Schlußfolgerungen über sich selbst und seine Fähigkeiten. Jemand, der viel positive Zuwendung bekommen hat, wird sich selbst gerne mögen und seinen Fähigkeiten vertrauen, und er wird andere Menschen akzeptieren und ihnen offen und vertrauensvoll entgegentreten. Jemand, der mehr negative Antworten auf sein Verhalten und seine Person bekommen hat, wird sich selbst und ebenso seinen Mitmenschen eher kritisch und ablehnend gegenüberstehen. Er zweifelt häufig an seinen und anderer Fähigkeiten. Ein Erwachsener kann selbst für die Zuwendung sorgen, die er braucht. Er tut dies, in dem er sich selbst die Bestätigung gibt, nach der er sucht, und in dem er sein Leben, soweit ihm dies möglich ist, nach seinen Vorstellungen und Bedürfnissen gestaltet. Er findet Menschen, die ihm die Zuwendung geben, die er braucht, an die er gewöhnt ist. Jemand, der eine positive Lebenseinstellung hat, wird auch in schwierigen Situationen ein Grundgefühl des Vertrauens haben und der Schwierigkeit etwas für ihn Nützliches abgewinnen: „Ich werde es schon schaffen." Jeder kennt solche Menschen. Sie werden als Glückspilze, Lebenskünstler, Optimisten oder auch Leute, die immer auf die Füße fallen, bezeichnet. Ein Mensch mit einer negativen Einstellung dagegen gestaltet sein Leben so, daß er die ersten unglücklichen Erfahrungen wiederholt. Er bekommt auf diese Weise die negative Zuwendung, die er braucht, an die er gewöhnt ist. Er trifft beispielsweise Entscheidungen, über die er sich ärgert, oder er sucht sich Freunde, die ihn kritisieren und verletzen. Diese Menschen haben oft Zweifel an sich: „Wie soll ich das bloß schaffen? Das kann ich nicht! Das schaffe ich nicht!" Wir alle kennen Menschen, die sich als Pechvogel, Versager, graue Maus, Pessimisten, Schwarzseher bezeichnen. Wenn eine Person über einen Zeitraum überhaupt keine Bestätigung für ihre Existenz oder ihr Verhalten bekommt, ist dies wie andauernde Folter und Verletzung. Man hat festgestellt, daß sehr kleine Kinder, die ohne ausreichenden Kontakt waren, starben. Frühgeborene, die im Brutkasten sein müssen, wachsen schneller und nehmen besser zu, wenn den Eltern gestattet wird, die Kinder häufig am Tag zu berühren. Fehlt Zuwendung irgendeiner Art, so droht dem Menschen körperlicher und seelischer Verfall. Mangelnde Zuwendung bedeutet nicht nur, daß jemand eingesperrt ist und isoliert in einem Raum gehalten wird. Keine Zuwendung zu erhalten heißt: nicht berührt, nicht angesehen, nicht gehört werden, keine Antwort zu bekommen. Die Lebensäußerungen eines Menschen zu ignorieren bedeutet, seine Existenz zu leugnen, indirekt zu sagen „du bist nicht da", ihn auszulöschen. Dies ist für jeden Menschen bedrohlich und verletzend. Ein Kind erzählt zum Beispiel seinen Eltern, was es erlebt hat. Die beiden antworten nicht und sehen auch nicht auf. Sie setzen ihr Gespräch fort, als wäre das Kind nicht da. Jemand, der oft so behandelt wird, wird weiter versuchen, auf sich aufmerksam zu machen. Er wird sich anstrengen, wenigstens negative Zuwendung zu bekommen. Auffälligerweise ist es in unserer Gesellschaft üblich, die angenehme positive Art der Zuwendung – Lob und Liebesbezeugungen – abzuwerten und zu diffamieren. Wer sich selbst lobt, wird höchstens mißtrauisch betrachtet: „Eigenlob stinkt!" „Du siehst alles immer so positiv." Auch gelobt zu werden, ist vielen unangenehm: „Das war doch gar nichts." „Das ist mir jetzt aber peinlich." Viele ältere Verwandte geben Eltern den Rat. „Lobt eure Kinder nicht zuviel. Sie wachsen

13

euch sonst über den Kopf." „Zuviel Lob schadet nur." Dabei ist es erwiesen, daß positive Bestätigung Wachstum und Lernen fördert und für ein glückliches und erfülltes Leben notwendig ist. Trotzdem haben wir in unserer Kultur fast alle Zuwendungsmängel. Claude Steiner, ein Transaktionsanalytiker, hat beobachtet, daß es so scheint, als ob wir **fünf unbewußten Regeln** im Umgang mit unseren berechtigten Bedürfnissen nach Zuwendung folgten, die dieses Defizit aufrechterhalten:

1. **Bitte nicht um Zuwendung;** Beispiel: „Gib mir bitte einen Kuss" – nach dem Kuss: „Ach, der war nicht echt, ich mußte ja erst darum bitten!"

2. **Gib anderen keine Zuwendung:** Eine Mutter eines Fünfzehnjährigen zu sich: „Ich lobe ihn jetzt nicht, daß er die Küche gemacht hat, das ist ja sein Amt. Außerdem liegt hier noch das Brotbrett!"

3. **Gib dir selbst keine Zuwendung:** Es könnten andere hören und dich als Angeber oder eingebildet empfinden, denn: „Eigenlob stinkt."

4. **Lehne keine Zuwendung ab:** Ein junger Mann zu einem anderen: „Ich mag dich, weil du auch so gern mit dem Auto herumrast!" Antwort: „Ja" oder „HaHaHa".

5. **Nimm keine Zuwendung an:** Drei Töchter haben mit Eifer die Wohnung geputzt und sich angestrengt, um die Mutter zu überraschen. Sie sagt: „Ach, das hätte doch nicht nötig getan, daß ihr euch so abrackert."

Welche Zuwendung brauchen Kinder für ihr Wachstum und Eltern für ihr Leben mit Kindern?

Im Laufe seines Heranwachsens entwickelt das Kind die Fähigkeit, Probleme zu lösen und mit Menschen umzugehen. Für diese Entwicklung braucht das Kind Bestätigung, Unterstützung und Zuwendung für sein Wachstum. Dazu gehört immer wieder, unabhängig vom Alter und auch wenn

14

es erwachsen ist, Zuwendung für seine bloße Existenz. Auch Eltern brauchen Zuwendung. Vielfach ist es so, daß die Eltern, wenn sie es besonders gut für ihre Kinder machen wollen, übersehen, daß sie selbst auch Liebe und Zuwendung nötig haben. Eltern, die gute Eltern sein wollen, vernachlässigen häufig ihre eigenen Bedürfnisse. Deshalb fühlen sie sich dann immer wieder erschöpft, ausgebrannt, krank, depressiv, unerklärlich gereizt und wütend oder unzufrieden. Sie können aber auch lernen, herauszufinden, was sie für sich selbst brauchen und wie sie es bekommen können. Die Ansprüche der Kinder wandeln sich im Laufe ihrer Entwicklung. Entsprechend verändern sich auch die Bedürfnisse der Eltern. Eltern beachten diese Tatsache oft nicht. Deshalb haben wir einige Anregungen zusammengestellt, mit deren Hilfe Sie für sich herausfinden können, was Sie für sich tun können.

Es gibt vier verschiedene Arten von Zuwendung:

1. Die *bedingungslose positive Zuwendung*
Am Beginn unseres Lebens brauchen wir viele Arten positiver Zuwendung, die an keine Bedingungen geknüpft sind, um zu fühlen, daß wir erwünscht sind und leben sollen. Wir müssen uns diese Zuwendung nicht erst verdienen, denn sie ist nicht mit Forderungen verknüpft. Wir bekommen sie einfach für unser Da-Sein.

2. Die *bedingte positive Zuwendung*
Diese Art der Zuwendung bekommen wir für etwas, das an uns gefällt, das wir leisten oder gut können. Sie ist eine Antwort auf unsere Art zu handeln oder uns zu verhalten. Wir brauchen diese Zuwendung, um unseren Platz in der Gemeinschaft zu finden, um unsere Fähigkeiten zu nutzen und zu steigern. Unsere Lernbereitschaft wird wesentlich beeinflußt von Lob für ein bestimmtes positives Verhalten.

3. Die *bedingte negative Zuwendung*

Für störendes, unangemessenes Verhalten und für Fehler, die wir machen, empfangen wir bedingte negative Zuwendung. Sie ist in bestimmten Situationen notwendig, um uns zu korrigieren, um Irrtümer aufzuklären, Fehler zu beheben und Veränderungen zu bewirken.

4. Die *bedingungslose negative Zuwendung*

Leider geben und empfangen wir in unserem Leben auch bedingungslose negative Zuwendung. Sie richtet sich gegen die ganze Person und ist vernichtend, verletzend und schmerzend. Hierzu gehören Prügel, Drohungen, Diffamierungen und Sätze wie: „Mach, daß du wegkommst! „Geh hin, wo der Pfeffer wächst!" „Laß dich hier ja nicht wieder sehen! „Du fehlst mir gerade noch!" Auch Zuschreibungen von negativen Eigenschaften mit „Du bist ..." werden oft als bedingungslos negatives Urteil über die Person verstanden: „Du bist ein Lügner" oder „Du bist ein Versager".

Diese verschiedenen Arten der Zuwendung haben unterschiedliche Auswirkungen auf den Empfänger. Leider wirken auf uns die negativen Reaktionen auf unser Verhalten oder unsere Person viel stärker als liebevolle Zuwendung und Bestätigung.

Altersstufe 0 bis 6 Monate

Wenn die Kinder geboren werden, ist ein wichtiges Wahrnehmungsorgan die Haut (A. Montagu). Sie erleben die Welt, in die sie kommen, überwiegend durch Berührung und Berührtwerden. Ihre Mutter hebt sie hoch. Die Hände halten das Köpfchen. Sie fühlen sich gehalten, gestreichelt. Die Hand des Babys erfaßt zufällig den Stoff seines Bettes oder den Finger, der ihm entgegengehalten wird. Es spürt an der Haut seines Mundes die Brustwarze oder den Schnuller. Es lernt den Unterschied von Wasser und Luft an der Haut kennen, wenn es gebadet wird. Über die Haut bekommt das

16

Baby u. a. seine ersten „Eindrücke" von der Welt. Die Art und Weise, wie dies geschieht, vermittelt dem Kind: Du bist willkommen. Es ist wichtig, daß jungen Eltern klar ist, daß die kleinen Babys ein dringendes Bedürfnis nach Berührung haben. Die meisten Eltern haben auch einen Impuls, das Baby anzufassen und zu streicheln, doch gibt es vor allem von älteren Verwandten häufig den Rat, das Kind nicht zu verwöhnen, es nicht zu viel hochzunehmen und zu tragen. Dabei wird allerdings übersehen, daß das Baby mit all seinen Bedürfnissen völlig abhängig von seinen Eltern ist, und gerade das Bedürfnis nach menschlicher Nähe und Berührung lebenswichtig ist. Ein Kind, das nur die notwendige Pflege wie Wickeln, Reinigung, Fütterung bekommt, sonst aber „in Ruhe in seinem Bett" liegt, fern von Menschen und der Aktivität im Hause, entbehrt wichtige Anregung und Zuwendung. Es ist unfähig, seine eigene Lage direkt zu verändern. Das Kind kann kommunizieren, aber die Reichweite ist nicht groß. Buchstäblich seine einzige Möglichkeit, auf sich aufmerksam zu machen, ist Schreien, und auf diese Weise zu spüren, wie lebendig es ist. Wenn aber keiner auf dieses Schreien hin kommt, wird das Kind nach einigen Malen verstummen und auch seine Lebendigkeit nicht mehr erfahren. Im Mutterleib hat das Baby sich bewegt und ist auch ständig durch die Mutter bewegt worden. Man hat festgestellt, daß der Gleichgewichtssinn schon während der Schwangerschaft entwickelt ist. Nach der Geburt fällt es dem Baby, das nun nicht mehr schwerelos ist, schwerer, sich selbst zu bewegen. Jean Liedloff beschreibt in ihrem Buch „Auf der Suche nach dem verlorenen Glück" sehr einleuchtend, wie wichtig für das Baby auch noch nach der Geburt das Getragenwerden ist. Durch das Tragen kann das Baby Spannungen abführen, wie es dies noch nicht durch eigene Bewegungen kann. Sein Gleichgewichtssinn wird stimuliert. Es spürt die menschliche Nähe. Das Baby kann auf diese Weise am Alltagsgeschehen teilnehmen, gleichzeitig fühlt es sich geborgen und sicher. Es nimmt den

Herzschlag der tragenden Person wahr, und es kann die Welt aus der Perspektive kennenlernen, aus der es sie sich später im aufrechten Gang erobern wird. Mancher wird einwenden, daß das Baby Ruhe braucht und unsere Umwelt für das Baby viel zu aufregend sei. Wir sind der Meinung, daß dies am besten die Eltern auch anhand der Reaktionen des Kindes selbst entscheiden können. Sehr viele Eltern sehen nach der Geburt ihres Kindes ihre Umwelt mit „neuen Augen". Sie hören plötzlich den Verkehrslärm, riechen die Abgase, sie spüren die Hektik im Kaufhaus. Dadurch haben die Eltern ein gutes Gespür, was sie ihrem Kind zumuten können. Es gibt dafür keine feste Regel. Wenn die grundlegenden Bedürfnisse eines Babys sorgfältig und angemessen befriedigt werden, fühlt es sich angenommen und in seiner Existenz bestätigt. Es erfährt auf diese Weise, daß es gut ist, daß es auf der Welt ist.

Eltern eines Säuglings müssen sich mit ihren Bedürfnissen sehr stark an den Rhythmus des Kindes anpassen. Ihr nächtlicher Schlaf wird gestört, und viele Arbeiten, die für das Kind getan werden müssen, sind unaufschiebbar. Es kostet sie Energie, sich in den Säugling einzufühlen und herauszufinden, was er braucht. Für junge Eltern ist es daher sehr wichtig, zunächst auf ihre eigenen elementaren Bedürfnisse wie Nahrung und Schlaf zu achten. So können sie, während das Baby schläft, selbst ausruhen und müssen nicht unbedingt im Haushalt arbeiten. Hausarbeiten können mit dem Baby im Tragesack oder Tuch erledigt werden. Eine gute Ernährung ist sehr wichtig, nicht nur, wenn die Mutter stillt. Unausgewogene Ernährung oder gar zu wenig Essen kostet Nervenkraft und bringt Erschöpfung. Eltern benötigen auch den Kontakt zu Gleichaltrigen, sie brauchen Gesprächspartner, um sich auszutauschen und neue Anregungen zu bekommen. Die Situation ist auch für die Partner neu. Beide müssen sich erst zurechtfinden. Überlegen Sie sich, vielleicht schon vor der Geburt, von wem Sie sich Hilfe und Unterstützung wünschen: – eine Freundin, die das Baby hütet, während Sie Rückbildungsgymnastik oder -Yoga machen; – ein Freund, der das Baby spazierenfährt, während Sie sich ausruhen; – eine Tante, die Ihnen Essen kocht und sie tagsüber versorgt; – Ihre Eltern, die vielleicht einspringen können;– eine Nachbarin, die für Sie einkauft; – ein befreundetes Paar mit Baby, mit dem Sie gemeinsam etwas unternehmen. Häufig ist man gerade in der ersten Zeit unsicher, ob man seine Aufgabe gut bewältigt. Eine Möglichkeit ist: Machen Sie sich eine Liste mit allem, was Sie gut machen! oder: Überlegen Sie sich, was Sie sich von Ihrem Partner wünschen! und: Tauschen Sie sich mit dem Partner darüber aus, was Ihnen gefällt. („Ich mag an dir, wie du mit dem Baby sprichst." „Ich mag an dir, daß du so einfallsreich bist." „Ich mag an dir ...") Was bringt Ihnen besonderen Spaß mit Ihrem Baby? Vielleicht eine Babymassage? Ein gemeinsames Bad und anschließendes Kuscheln? Sich zusammen auf den Teppich legen und das Baby beobachten?

Altersstufe 6 bis 18 Monate
Das Kind bewältigt ein riesiges Lernpensum: Es fängt an, sich fortzubewegen, es robbt und krabbelt und begibt sich dann immer häufiger in eine aufrechte Position. Es lernt sitzen; mit etwa einem Jahr lernt das Kind laufen. Es wird immer wendiger und geschickter und damit unabhängiger bei der Fortbewegung. Die Wahrnehmung des Kindes wird immer differenzierter. Das Kind äußert sich immer genauer. Es entwickelt eine Zeichensprache und fängt dann an zu sprechen. Es ergreift und begreift seine Umwelt in immer größerem Umfang. Das Kind lernt durch die Entwicklung seiner Wahrnehmungsfähigkeit und durch Übung seine Umgebung kennen. Es erkundet und erforscht alles, was es erreichen kann. Wenn man ein Kind in diesem Alter genau beobachtet, stellt man fest, daß es sehr genau und systematisch Material und Gegenstände aus seiner Umgebung untersucht. Es streicht über die Oberfläche, betastet vorsich-

tig die Grenzen des Gegenstandes, ergreift ihn, wenn es geht, schüttelt ihn, dreht und wendet ihn hin und her und steckt ihn in den Mund. Wenn es etwas älter ist, greift es in Gefäße, läßt etwas hineinfallen, erkundet Verschlüsse, öffnet Türen und Schubladen und räumt mit Vorliebe ihren Inhalt aus. Kinder in diesem Alter sind wie kleine Forscher, sie sind ungeheuer neugierig und lernfähig. Sie brauchen sehr viel Bestätigung für die große Lernleistung, die sie vollbringen und Möglichkeiten, um ihre Neugier zu befriedigen. Die Zuwendung durch die Eltern besteht hier im Zulassen, Erlauben, vielfach ohne Worte, durch echtes zustimmendes Gewährenlassen. Ein Kind in diesem Alter will nicht vor allem herumgetragen werden, sondern es will sich bewegen und Dinge ergreifen. Es braucht Abwechslung und möchte immer mehr am Alltag im Haushalt teilhaben. Es ist wichtig, daß Eltern Kindern diese Möglichkeiten geben. Kinder lieben es, die ihnen vertrauten Räume zu erkunden. Ein Wohnzimmer, das vor allem schön ist, aber geschont werden muß, ist für ein Kind in diesem Alter ungeeignet. Wir finden es notwendig, wenn wir mit Kindern leben wollen, daß wir unsere Wohnverhältnisse so gestalten oder zumindest für eine bestimmte Zeit (bis das Kind älter ist) so umändern, daß das Kind sich frei bewegen kann. Dabei kann man experimentieren. Wieviel die Kinder erforschen wollen, ist bei jedem Kind unterschiedlich. Einige buddeln mit Vorliebe in der Erde von Blumentöpfen, so daß Topfblumen für einige Zeit sicherer untergebracht werden. Auch Schubladen üben eine große Anziehungskraft aus. Hier kann es sinnvoll sein, eine Schublade mit Gegenständen zu füllen, die für das Kind geeignet sind, und die anderen so zu fixieren, daß das Kind sie nicht öffnen kann. Es ist wichtig, daß Eltern sich darüber klar sind, daß Verbote in diesem Alter nicht anhaltend wirksam sind und das Kind in diesem Alter sehr stören (siehe Kapitel 3 und 5) und einschränken. Zuwendung bedeutet in diesem Alter, die Kinder bei ihren kleinen Entdeckungsreisen aufmerksam beobachtend zu begleiten, sie vor Gefahren zu schützen und ihnen die Begeisterung über ihre Fortschritte zu zeigen.

Die Eltern von kleinen Forschern müssen sehr aufmerksam sein, um ihre Kinder zu begleiten und zu schützen. Sie sind den ganzen Tag in Bewegung. In der Umgebung dieser Kinder ist nichts vor ihnen sicher. Die Eltern müssen Unordnung, Geschmiere und – wenn sie nicht schnell genug waren – vielleicht zerfetzte Bücher oder abgerissene Blumen in Kauf nehmen. Die Kinder unterscheiden vertraute und fremde Personen. Sie belegen die Eltern manchmal sehr mit Beschlag. Die Anstrengung für die Eltern besteht vor allem in der ständigen Aufmerksamkeit, die sie ihrem Kind geben müssen. Auch nachts sind die Kinder oft unruhig, da sie Zähne bekommen. Im ersten Lebensjahr häufen sich manchmal Infekte, da das Kind noch mit dem Aufbau seines Immunsystems beschäftigt ist. Eltern brauchen deshalb Erholung und Ruhe von der aufreibenden und intensiven Betreuung des Kindes. Durch die immer noch symbiotische Beziehung müssen die Eltern Zeit haben, in der sie sich auf sich selbst besinnen und etwas ganz anderes machen können. So können Sie sich überlegen: – Wie kann ich in der Woche einen oder mehrere freie Abende bekommen? – Gibt es eine Eltern-Kind-Gruppe für wöchentliche Treffs? – Wie gründe ich eine solche Gruppe? – Von welchen Freunden oder Verwandten kann ich mir Hilfe bei der Kinderbetreuung wünschen und erhalten? – Welche Freunde mit etwa gleichaltrigen Kindern haben wir? – Machen Sie eine Liste mit den Dingen, die Sie dringend gern einmal tun möchten (Ausschlafen, Kinobesuch, Treffen mit Freunden, Lesen, Reisen …) Wie können Sie diese Dinge verwirklichen? – Gibt es in Ihrer Nachbarschaft Eltern, mit denen Sie sich bei der Kinderbetreuung abwechseln können? – Ist unsere Wohnung wirklich praktisch eingerichtet? – Machen Sie eine Liste von den Dingen, die Ihnen gemeinsam mit Ihrem Kind Spaß machen (Schwimmen gehen, auf den Spielplatz gehen, andere Leute treffen …).

Altersstufe 18 bis 36 Monate

In diesen eineinhalb Jahren lernt das Kind in der Regel sprechen. Es wird immer selbständiger und unabhängiger. Es lernt, sich anzuziehen, selber zu essen und wird meistens sauber. Der Kontakt zu anderen wird immer vielfältiger und eigenständiger. Das Kind lernt, Zeiträume gedanklich zu überbrücken. Es erkennt, was es bedeutet, wenn jemand weggeht und wiederkommt. Das Kind fragt nach Erklärungen für Dinge und Vorgänge, die ihm nicht verständlich sind. Es fängt an, „nein" zu sagen und zeigt Wut und Ärger gegenüber anderen. All dies ist ein Zeichen, daß das Kind heranwächst und getrennter von den Eltern wird. Es ist wichtig, daß Eltern die Kinder darin bestärken, daß sie denken können. Kinder brauchen Erklärungen auf Fragen. Die Fragen der Kinder müssen angemessen und ehrlich beantwortet werden. Das Kind braucht Informationen über seine Umwelt, die es nicht selbst erheben kann. Viele Erwachsenen unterschätzen die Bedürfnisse und die Fähigkeiten zu denken von Kindern. „Dazu bist du noch zu klein" ist immer noch eine häufige Erwachsenenantwort, obwohl das Kind nicht zu klein ist, die Frage zu stellen. Andere Erwachsene geben den fragenden Kindern unsinnige Antworten in der irrigen Annahme, das würde dem Kind Spaß bringen und seine Phantasie fördern. Bei dieser Art von Antworten wird das Kind im Gegenteil eher verwirrt und in seinem Wissensdrang eingeschränkt. Kinder brauchen in diesem Alter die Freude und Begeisterung der Eltern über ihr Wachstum und ihre Denkfähigkeit:„Das hast du ja prima herausgefunden." „Du bist ja wirklich pfiffig!" „Ich freue mich, daß du dich schon so gut selber anziehst." Und sie brauchen auch Grenzen, die die Eltern ihnen erläutern und mit einem Alternativvorschlag verbinden sollten: „Ich möchte nicht, daß du an die Wand malst; nimm deinen Zeichenblock dafür!" Das Kind lernt jetzt das Prinzip von Ursache und Wirkung kennen: „Wenn ich den Krug mit Saft umkippe, läuft der Saft auf den Tisch und den Fußboden."

22

Es ist wichtig für die Kinder zu lernen, daß ihr Handeln auch eine Wirkung hat und daß ihr Spaß am Bewirken unterstützt wird. Auf diese Weise werden sie ernst und wichtig genommen. Dabei können und müssen sie jetzt einen kleinen Teil der Verantwortung für sich und ihr Tun übernehmen. Tun dies nur die Eltern für ihre Kinder, behindern sie die Kinder in ihrem Wachstum. Dazu gehört, daß die Kinder sich in diesem Alter weigern und widersetzen. „Nein" gehört zu ihren Lieblingsworten. Dieser Widerstand bedeutet, daß das Kind sich etwas von den Eltern trennt und loslöst. Es ist wichtig für die Zukunft, daß es erlebt, daß es auch „nein" sagen darf. Das Kind braucht hierbei die Bestätigung, daß es in Ordnung ist, einen eigenen Willen zu haben. Wenn das Kind jetzt darin bestärkt wird, seine Bedürfnisse zu äußern, kann es selbständiger werden und lernen, für sich zu denken. Manchmal fällt es den Eltern schwer, sich umzustellen. Es kann beispielsweise passieren, daß das Kind sich weigert, sein normales Frühstück zu essen. Es besteht darauf, sich selbst das Brot zu schmieren und die Milch selbst einzuschenken. Erlauben Sie dies Ihrem Kind. Auf diese Weise können Sie seinen Wunsch, selbst etwas für sich zu tun und seine Fähigkeit, dies erfolgreich zu tun, unterstützen. Ein Kind, das Zeit hat, die alltäglichen Handlungen wie selber essen, sich anziehen, zur Toilette gehen, sich waschen oder Zähne putzen immer wieder zu üben, kann dies wirklich bald ohne Hilfe erledigen und ist nach anfänglichen Schwierigkeiten eine echte Entlastung. Lassen Sie Ihr Kind an Arbeiten im Haushalt teilnehmen. Es lernt auf diese Weise seine Umwelt kennen, wird dabei fähiger, Sie zu verstehen und erwirbt praktische Fertigkeiten. Hans mochte, seit er eineinhalb Jahre alt ist, sehr gerne beim Gemüseputzen und -schneiden helfen. Er bekam ein stumpfes Messer, das keine gefährliche Spitze hatte und konnte damit üben. Heute, mit vier Jahren, steht er bei den Eltern und hilft ganz eigenständig und sehr gekonnt, Tomaten zu schneiden oder Möhren zu schälen und zu zerkleinern. Wenn sie das Badezimmer saubermachen, putzt er die Waschbecken oder hilft beim Staubsaugen. Alle diese Tätigkeiten gemeinsam zu machen, bringt ihm und allen sehr viel Spaß. Oft läßt Hans für derartige Tätigkeiten jedes Spielzeug liegen.

Die Kinder erweitern immer mehr ihren Bewegungsradius. Die Eltern können sich jetzt weiter von ihnen entfernen und aus der Distanz für das Kind zur Verfügung stehen. Die Kinder wollen ihre Selbständigkeit üben. Die Leistung der Eltern besteht vor allem darin, immer wieder zu prüfen, was das Kind selber kann und in welchem Ausmaß sie das Kind unterstützen müssen. Es erfordert Geduld und Ausdauer zuzusehen, wie das Kind anfängt, selbst zu essen, ein Brot zu schmieren, sich selbst zu waschen oder sich alleine anzuziehen. Um dieses Selber-tun entbrennt oft ein Machtkampf. Die Kinder werden wütend, werfen sich auf den Boden und trampeln mit den Füßen. Sie schreien laut und leisten Widerstand bei ganz alltäglichen Verrichtungen. Das zerrt an den Nerven der Eltern: „Selbständigkeit ist ja ganz gut und schön, aber bis man so mit dem Frühstück fertig ist, das dauert ja eine Ewigkeit!" Es ist in Ordnung, wenn die Eltern auch ihren Ärger in angemessener Weise zeigen und deutlich Grenzen setzen. Prüfen Sie, wie weit Sie bereit sind, mitzumachen! Auch Sie haben ein Recht auf Ihre Bedürfnisse! Warten Sie damit nicht, bis Sie zusammenbrechen oder einen großen Wutanfall bekommen. Sie brauchen sich nicht schlecht zu fühlen, wenn Ihr Kind wütend ist. Sie sind zwei getrennte Personen! Machen Sie sich zur Beruhigung klar, daß diese Wutanfälle eine vorübergehende Erscheinung sind. Eltern, die sich in dieser Zeit herausgefordert fühlen, ihr Kind zu schlagen oder zu verletzen, sollten sich Hilfe holen, indem sie eine Freundin, einen Freund oder beim Kinderschutzbund anrufen. Nehmen Sie Ihren Impuls als Zeichen dafür, daß Sie selbst Unterstützung brauchen. Suchen Sie Kontakt zu anderen Erwachsenen, oder verabreden Sie sich mit einer Nachbarin. Es ist wichtig, mit anderen Eltern über die Trotzzeit der Kinder zu reden. Alle Kinder erleben sie, wenn auch in verschiedenen Formen. Eltern brauchen dann Zeit für sich, in der sie etwas Schönes erleben. Dafür gibt es mehrere Möglichkeiten: – Organisieren Sie einen Kinderbetreuungsdienst in der Nachbarschaft. – Pflegen Sie gleichberechtigte Beziehungen. Suchen Sie sich Freunde aus, mit denen Sie etwas Angenehmes unternehmen können. – Suchen Sie sich etwas, wozu Sie Lust haben (Musik, Tanzen, etwas Neues lernen ...) – Teilen Sie Ihrem Partner Ihre Gefühle mit und sagen Sie ihm Ihre Wünsche: Eine Massage mit oder ohne Sex; zusammen Essen gehen; zuhören, was Sie mit den Kindern erlebt haben; beratschlagen, was anders gemacht werden kann. Machen Sie eine Liste, was Sie Schönes mit Ihrem Kind oder Ihren Kindern tun können: – einen schönen Ausflug machen, – ins Schwimmbad gehen, – mit Ton basteln, – im Garten arbeiten, – einen Kuchen backen, eine Speise zusammen zubereiten, – eine Radtour machen, – auf eine Wiese gehen und Blumen und Blätter sammeln, – an einen Bach, Teich, eine große Pfütze gehen und Boote schwimmen lassen (mit Gummistiefeln), – einen Schneemann bauen, rodeln...

Altersstufe 3 bis 6 Jahre
In diesem Zeitraum entdecken die Kinder immer mehr ihre Individualität. Die Beziehung zu den Eltern wird getrennter. Die Kinder bauen Freundschaften zu anderen Kindern und Personen außerhalb der Familie auf. Viele kommen in diesem Alter in den Kindergarten und dann in die Vorschule. Sie lernen, sich in einer Gruppe von Gleichaltrigen zu verhalten. Sie grenzen sich immer mehr gegenüber anderen, vor allem gegenüber ihnen vertrauten Erwachsenen ab. Sie entwickeln ganz genaue Vorstellungen davon, wie sie etwas tun wollen oder wie etwas sein soll. Sie weigern sich, bestimmte Kleidungsstücke zu tragen oder sie zeigen ganz unbeeinflußbare Vorlieben und Abneigungen beim Essen. Mit

aller Kraft und manchmal auch mit Lautstärke versuchen die Kinder in diesem Alter, ihre Vorstellungen durchzusetzen. Sie lernen, ihre Gefühle deutlich zu äußern und diese auch auszusprechen, wenn sie das in ihrer Familie dürfen: „Ich mag dich." Sie schreien vor Wut, Schmerz oder Trauer. Sie brauchen für ihre spontanen, echten Gefühle die Annahme der sie umgebenden Erwachsenen. Es ist nicht gut, wenn ein ärgerliches Kind weggeschickt wird, als ob es unrecht wäre, ärgerlich zu sein. Ein weinendes Kind zu trösten ist besser, als es abzulenken oder bei einer Schürfwunde zu sagen: „Das tut gar nicht weh", „... ist nicht so schlimm", „stell dich nicht so an". Bestärken Sie lieber Ihr Kind, wenn es Gefühle zeigt: „Weine ruhig, wenn es dir weh tut." „Ich verstehe, daß du wütend bist." Es kommt oft vor, daß Erwachsene diese Gefühle bei Kindern nicht ertragen mögen, weil sie mitleiden oder weil sie selbst diese Gefühle nicht zeigen durften. Die Kinder machen sich in dieser Altersstufe Gedanken über den Unterschied zwischen den Geschlechtern: „Das können nur Jungen." „Mädchen sind nicht so stark wie Jungen, stimmt das?" Vermeiden Sie Verknüpfungen wie „Jungen weinen nicht" oder „Indianer kennen keinen Schmerz" oder „Mädchen sind Heulsusen". Die Vorstellungskraft und Phantasie der Kinder wird immer vielfältiger. Viele haben in diesem Alter Phantasiefreunde, oder sie führen Selbstgespräche. So hatten Georg und Inge eine (Phantasie-)Freundin, die sie Klein-Ebbi nannten, und Inge wollte fortan ihr Brot nur noch genau so haben, wie Klein-Ebbi es hatte. Eines Tages war Klein-Ebbi krank, und sie brachten sie ins Krankenhaus. Dann war sie eines Tages verschwunden. „Klein-Ebbi ist tot" erklärten beide und erwähnten sie nicht wieder. Viele Eltern sind etwas beunruhigt über die Phantasie ihrer Kinder. Sie empfinden sie als Flucht aus der Realität. Die Eltern tun gut daran, den Kindern ihre Phantasie nicht wegzunehmen, aber es ist wichtig, daß sie ihre Kinder darin unterstützen, Realität und Phantasie zu unterscheiden: „Du spielst jetzt wohl ‚Als-Ob' ..."

26

oder „Anna hat einen Freund in ihrer Phantasie; sie tut so, als ob er wirklich da wäre." Die Phantasievorstellungen sollten dabei jedoch nicht abgewertet werden, da sie den Kindern auch als Übungsfeld für Problemlösungen und zur Verarbeitung ihrer Erfahrungen dienen. Kinder brauchen Informationen über ihre Umwelt, die ehrlich und genau sind, damit sie sich orientieren können. Es gibt Erwachsene, die Spaß daran haben, Kinder irrezuführen und die ihnen die Welt z. B. mit magischen Figuren wie Hexen und Zauberern bevölkern. Es ist besser, dem Kind eine altersgemäße Erklärung über die Herkunft von Schnee zu geben als zu behaupten: „Frau Holle schüttelt die Betten aus." Ihre Phantasiewelt gestalten die Kinder selbst! Kinder lieben in diesem Alter Märchen. Es macht Spaß, ihnen welche zu erzählen. Sie müssen andererseits auch den Unterschied zwischen Märchenwelt und Wirklichkeit erfahren und aufklärende Kommentare und ehrliche Antworten auf Fragen dazu bekommen. Manche Erwachsene klinken sich in die Phantasiewelt der Kinder ein und spinnen deren Geschichten aus, sie führen Phantasienamen für Schmusetiere und Puppen ein und entzaubern diese nur den Kindern zugehörige Welt, in dem sie eine Grenze überschreiten. Dies zu vermeiden ist eine Gelegenheit, den Kindern schon früh zu vermitteln, daß sie als Person respektiert werden. Es ist wichtig, die Kinder in ihrem Bedürfnis nach Selbständigkeit ernst zu nehmen. Es bringt ihnen Spaß, kleine Aufgaben zu erledigen wie ihr Bett zu machen, eine Blume zu besitzen und sie zu begießen. Die Kinder suchen in diesem Alter nach ihrer Identität. Wer bin ich? Was kann ich? Was darf ich? Was bedeutet es, ein Junge/ein Mädchen zu sein? Dabei brauchen sie Unterstützung und Ermutigung, dies herauszufinden, darüber nachzudenken und eigene Erfahrungen zu machen. Gleichzeitig brauchen sie aber auch klare Anweisungen und Grenzen von ihren Eltern. Es ist wichtig, daß die Eltern sehr genau sagen, was sie wollen und was sie nicht dulden. So ist es für ein Kind schwierig zu verstehen, was Sie wollen, wenn Sie sagen: „Sei nicht so unordentlich!" Genauer ist: „Räume bitte deine Autos aus dem Flur, weil ich den Kinderwagen vorbeischieben will!" „Du bist ein böser Junge!" ist eine allgemeine Zuschreibung für die Person des Kindes und damit eine unangemessene bedingungslose negative Zuwendung. Dagegen ist die Kritik an einem unerwünschten Verhalten als bedingte negative Zuwendung auch manchmal nötig, um Grenzen zu ziehen: „Hör auf, mit dem Ball im Zimmer zu werfen; hier stehen Sachen, die kaputt gehen können. Du kannst den Ball rollen. Und wenn du nicht damit aufhörst, ihn zu werfen, nehme ich ihn dir weg." Wenn die Eltern Regeln setzen oder Grenzen ziehen, dann ist es gut, wenn sie vorher prüfen, ob diese auch notwendig sind. Das Kind erreicht nun eine immer größere Selbständigkeit. Es äußert Bedürfnisse und kann schon eine Menge selbst tun. Die Eltern achten darauf, daß es sich in einer sicheren Umgebung aufhält und spielt.

Machen Sie eine Liste, was Sie gerne gemeinsam mit Ihrem Kind tun: – einen Waldspaziergang machen, Tiere beobachten, Versteck spielen, – Märchen erzählen, – Lieder singen, – aus der eigenen Kindheit erzählen, – Rollenspiele mit verstellter Stimme, – ein Bild kleben oder malen, – Ostereier anmalen, – im Haushalt etwas reparieren, – im Garten arbeiten, – Muscheln oder Quallen am Strand sammeln. Neben solchen gemeinsamen Unternehmungen ist das Kind jetzt schon einen großen Teil des Tages von seinen Eltern entfernt. Die Eltern haben wieder mehr Zeit für sich. Dies ist ein guter Zeitpunkt für die Eltern, darüber nachzudenken, wie sie ihr Leben weiter gestalten wollen: – Wollen wir noch mehr Kinder haben? – Sind wir mit der Arbeitsteilung in der Partnerschaft einverstanden? (einer betreut das Kind, einer verdient Geld) – Gibt es eine Möglichkeit, daß beide arbeiten und das Kind oder die Kinder abwechselnd betreuen? – Wie kann derjenige, der bisher hauptsächlich das Kind betreut hat, (wieder) berufstätig werden? Es ist gut, wenn die Eltern die Zeit, die sie durch die größere Selbstän-

28

digkeit des Kindes gewinnen, für ihnen wichtige eigene Aktivitäten nutzen. Dazu gehört auch, die Partnerschaft mehr auszukosten, als dies mit sehr kleinen Kindern möglich ist.

Altersstufe 6 bis 12 Jahre

In diesem Alter kommt das Kind in die Schule. Es ist jetzt jeden Tag einen längeren Zeitraum abwesend von seiner Familie. Es bewegt sich in der Schule, die ihre eigenen Regeln hat, unter Gleichaltrigen relativ selbständig. Es geht morgens alleine oder mit Freunden dorthin und kommt wieder nach Hause. Es hat Aufgaben zu erfüllen, es muß bestimmte Informationen verarbeiten, und in der Regel muß es auch ganz bestimmte Leistungen erbringen. Es muß außerdem das Miteinander in der Klasse allein bewältigen. Kinder stellen in diesem Alter fest, daß es in jeder Familie unterschiedliche Regeln und Wertvorstellungen gibt. Sie probieren aus, welche Regeln sie für sich selbst gut finden. Dabei sind sie oft anderer Meinung als ihre Eltern. „Was passiert, wenn ich das Gegenteil mache oder widerspreche?" Sie wollen alles auf ihre Weise tun und sich keine Vorschriften machen lassen. Die Kinder brauchen also Unterstützung für ihr Experimentieren auch im Umgang mit Regeln. Sie brauchen einen Freiraum, in den Eltern nicht eingreifen, aber zu Hilfe kommen, wenn die Kinder dies wünschen. Die Kinder können in diesem Alter gut kleine Aufgaben im Haushalt übernehmen und für ihr Zimmer oder ihren Platz in der Wohnung selbst verantwortlich sein. Dort kann das Kind seine Dinge dann nach seinen Vorstellungen ordnen. Es ist wichtig, daß die Eltern bei Meinungsverschiedenheiten nicht versuchen, die Stärkeren zu bleiben. Verhandeln und diskutieren Sie mit Ihren Kindern auf faire Weise. Begründen Sie Ihr Handeln oder Ihre Meinungen, und hören Sie auch die Argumente der Kinder. Manchmal stellen Sie dabei fest, daß eine Regel, die Sie bisher für nützlich gehalten haben, dies gar nicht ist. Mit diesem Verhalten ermutigen Sie Ihr Kind, herauszufinden, was es für sich will und was es gut findet. Zu dieser Ermutigung gehört auch, im Laufe dieser Lebensspanne immer weiter die Kontrolle für die einzelnen Lebensbereiche des Kindes aufzugeben und dem Kind damit mehr Selbstverantwortung zuzutrauen. Viele Eltern meinen, ihr Kind kann in der Schule nur zurechtkommen, wenn sie jeden Tag lange Schularbeiten mit ihm machen, seinen Schulranzen überprüfen und alles recht häufig mit ihm üben. Sicher ist es zu Beginn der Schulzeit gut, das Kind mit diesem Erfahrungsfeld vertraut zu machen und zu beobachten, ob es vielleicht in bestimmten Bereichen, etwa beim Erfassen neuer Informationen, Probleme hat. Nicht alle Kinder können alles gleich gut. Wichtig ist, das Kind darin zu unterstützen, daß es Selbstvertrauen bekommt bzw. behält. Ein Kind, dem zu viel Hilfe und Kontrolle angeboten wird, glaubt am Ende nicht an seine eigene Kraft und Fähigkeit und sagt sich etwa: „... das kann ich nicht selbst tun!" Es muß nicht die Verantwortung für die Schulsachen übernehmen, wenn die Mutter dauernd den Ranzen kontrolliert. Viele Eltern gehen davon aus, daß es ihre Pflicht und ihr Recht sei, den Ranzen durchzusehen. Bei Schulanfängern ist zunächst Unterstützung für die Eingewöhnung in die neuen Pflichten selbstverständlich, aber sie muß schrittweise zurückgenommen werden, wenn sich das Kind sicher in der Schule zu bewegen gelernt hat. Es ist in Ordnung, Fehler zu machen. Ermutigen Sie Ihr Kind, diese Fehler zu finden und sie zu verbessern. Wir halten es für sinnvoller, daß ein Kind durchschnittliche Zeugnisse erhält und dabei selbständig und selbstbewußt ist, als daß es sein ganzes Selbstwertgefühl von besonders guten Noten in der Schule abhängig macht. Für die großen Lernleistungen auch in diesem Lebensabschnitt brauchen die Kinder die Familie als liebevollen Stützpunkt, von dem aus sie ihre Erkundungen und sozialen Experimente machen. Sie brauchen nicht nur Unterstützung für ihr selbständiges Handeln, sondern auch die Erlaubnis, sich auszuruhen und sagen zu können, was sie für sich brauchen. Die Selbständigkeit zu unterstützen bedeutet auch, dem Kind zu zeigen,

30

wie es sich schützen kann. Dabei kommt es darauf an, dem Kind solche Konsequenzen für sein Verhalten zuzumuten, die nicht gefährlich für es sind. Wenn das Kind das Schulbrot vergißt, dann bringen Sie es nicht hinterher. Es ist zwar unangenehm, wenn das Kind nichts zu essen bei sich hat, aber es lernt dabei, selbst daran zu denken, daß es das Brot in die Schule mitnimmt. Dagegen ist es nicht in Ordnung, ein Kind mit einem kaputten, nicht verkehrssicheren Fahrrad fahren zu lassen und zu sagen: „Es muß selbst merken, welche Folgen es hat, wenn die Bremsen nicht gehen. Ich habe ja gesagt, daß es sie reparieren lassen soll." Besser ist: „Solange du das Rad nicht zur Reparatur gebracht hast, darfst du nicht damit fahren!" Bei aller Selbständigkeit und allem Streben nach Unabhängigkeit haben Kinder weiter das Bedürfnis nach Geborgenheit und bedingungsloser Zuwendung. Wenn Ihr Kind plötzlich sagt: „Heute möchte ich mal einen gemütlichen Tag haben", dann fragen Sie es, was es sich wünscht. Vielleicht können Sie sich zusammen einen schönen und geruhsamen Nachmittag gestalten. Auf diese Weise lernt das Kind, offen darum zu bitten, wenn es Zuwendung und Erholung braucht.

Die Eltern werden von den Kindern als Partner in Auseinandersetzungen beansprucht. Die Kinder testen die Regeln der Familie und probieren neue aus. Sie kritisieren, und manchmal beleidigen sie ihre Eltern. Dies ist für die Eltern mitunter belastend, enttäuschend oder auch schockierend. Zeigen Sie ihren Kindern Ihre Gefühle offen. Ziehen Sie sich nicht ohne eine Erklärung zurück. Richten Sie sich immer mehr einen eigenen Lebensbereich ohne die Kinder ein, so wie die Kinder immer mehr eigene Wege gehen. Wenn Sie sich ausgelaugt fühlen, prüfen Sie, ob Sie vielleicht zuviel für Ihr Kind denken, handeln und fühlen. Nutzen Sie die Chance, die das Zusammenleben mit Sechs- bis Zwölfjährigen Ihnen bietet. Probieren Sie einmal zusammen die Verbesserungsvorschläge aus, die die Kinder für das gemeinsame Leben machen. Das kann sehr viel Spaß bringen.

Altersstufe 13 bis 19 Jahre

Die letzten Jahre, in denen die Jugendlichen mit ihren Eltern zusammenleben, sind oft sehr wechselhaft und aufregend. Die Jugendlichen grenzen sich häufig vehement und auch feindselig von ihrer Familie ab. Dann gibt es wieder Zeiten, in denen Eltern und Kinder sich freundschaftlich annähern. Der Jugendliche vollzieht in diesen Jahren die Ablösung von den Eltern. Seine Schulzeit geht zu Ende. Der oder die Jugendliche beginnt eine Berufsausbildung oder bereitet sich darauf vor. Viele Jugendliche werden gegen Ende dieser Zeitspanne erwerbstätig. Sie stellen sich auch materiell auf eigene Füße und verlassen das Elternhaus, um selbständig allein oder auch mit Freunden zu leben. Diese Zeit der Trennung ist für alle Beteiligten stürmisch und aufregend. Der/die Jugendliche entfaltet seine/ihre sexuellen Bedürfnisse, und der Drang nach Eigenständigkeit wird immer stärker. Dies Bedürfnis ist aber nicht eindeutig, sondern oft damit verbunden, daß die Jugendlichen Forderungen aufstellen, die eher einem anderen Alter angemessen erscheinen. Pam Levin erklärt diese Zwiespältigkeit damit, daß die Jugendlichen, während sie ihre immer größere Selbständigkeit entwickeln, gleichzeitig wie im Zeitraffer alle vorhergehenden Entwicklungsschritte noch einmal durchlaufen: Sie sind kuschelig müde und möchten mit Essen versorgt werden wie ein Säugling; sie grenzen sich mit heftigen „Neins" von ihren Eltern ab wie Zweijährige; sie suchen nach ihrer Identität wie die Dreijährigen; sie diskutieren und verhandeln wie Schulkinder. Dieses Zurückgehen in „frühere Zeiten" und der gleichzeitige Anspruch, ernst genommen und erwachsen behandelt zu werden, macht den Umgang mit ihnen manchmal sehr schwierig. Es ist wichtig, daß die Jugendlichen spüren, daß sie gehen dürfen, daß sie losgelassen werden und auch wieder zurückkommen und Bedürfnisse haben dürfen. Die Jugendlichen sind auf dem Weg, sie selbst zu werden. Sie brauchen dafür die Möglichkeit auszuprobieren, wie es ist, ganz anders zu sein als

32

die anderen Familienmitglieder. Thomas ist vierzehn. Er kommt aus einer Familie, in der gerne diskutiert wird, gesellschaftliche Mißstände besprochen und kritisiert und „innere Werte" „Äußerlichkeiten" vorgezogen werden. Er interessiert sich sehr für Modetrends und gibt einen großen Teil seines Geldes für Kleidung aus. Seine Schwester ist zwei Jahre älter. Sie ist eher „alternativ" eingestellt. Sie legt zwar auch auf ihr Aussehen wert, doch sie braucht keine kostspielige Mode. Mit Vorliebe trägt sie weite, selbstgestrickte Pullover, große auffällige Ohrringe und eine Punkfrisur. Beide haben sich auf auffällige Weise von ihrer Familie abgegrenzt. Sie gehen ihre eigenen Wege, sind viel mit Freunden zusammen unterwegs, aber sie freuen sich auch, wenn es Gelegenheiten gibt, bei denen sich die ganze Familie trifft und Zeit für ein Gespräch oder ein gemeinsames Spiel ist. Besonders in diesem Alter kritisieren viele Jugendliche ihre eigene Familie mit ihren speziellen Gewohnheiten und Regeln und finden häufig das Leben in anderen Familien oder Wohngemeinschaften interessanter und besser. Es ist wichtig, über diese Erfahrungen mit den Jugendlichen zu sprechen, und daß Eltern ihren eigenen Standpunkt vertreten. Aus Unsicherheit scheuen sich manche Eltern, deutlich ihre Meinung zu sagen. So fragt ein Sohn immer wieder seine Mutter: „Wie findest du es, wenn ich mir die Haare grün färbe?" Die Mutter will gerne tolerant sein, aber eigentlich gefällt ihr die Vorstellung überhaupt nicht. Sie gibt immer wieder ausweichende Antworten: „Färben ist ungesund", „teuer", „muß es unbedingt grün sein?" „Dein Haar ist doch so schön". Erst als sie klar sagt, „Ich mag es überhaupt nicht. Aber es muß mir ja nicht gefallen. Du kannst ja auch etwas tun, das nicht meinem Geschmack entspricht", hört der Sohn auf zu fragen. Nach vier Wochen legt er sich ohne sie zu fragen einen extremen Kurzhaarschnitt zu, den sie zuerst überhaupt nicht mag, an den sie sich aber mit der Zeit gewöhnt. Dadurch, daß die Mutter einen deutlichen Unterschied machte zwischen ihrem Geschmack und dem Recht des Sohnes auf seine eigenen Vorstellungen, braucht der Sohn nicht zu rebellieren, sondern kann sich nach seinem eigenen Geschmack entscheiden. So nimmt diese Mutter ihren Sohn ernst – und sich selbst auch. Auch bei der Einhaltung von Regeln in der Familie ist es notwendig, daß Eltern klar machen, wo ihre Grenze ist. Eltern, die dies auf indirekte und undeutliche Weise tun, geben den Jugenlichen immer wieder Anlaß, diese Grenzziehung nicht zu achten. Allerdings werden auch Eltern, die sich eindeutig verhalten, die Auseinandersetzung und den Streit mit ihren heranwachsenden Kindern nicht vermeiden können, da die Regeln von den Jugendlichen in Frage gestellt werden. Diese Auseinandersetzungen sind notwendig und tragen zum Selbstständigwerden bei. Kindern, denen dieser Streit mit ihren Eltern verwehrt wurde – entweder durch zu starre Grenzziehung oder zu großes Entgegenkommen – fehlt in ihrem Erwachsenen-Dasein häufig die Fähigkeit zu wissen, wer sie sind und was sie wollen. In Beziehungen können sie sich oft nicht gegenüber anderen vertreten und unberechtigte Forderungen zurückweisen. Jugendliche brauchen die Ermutigung und Erlaubnis von ihren Eltern, ihren eigenen Weg zu finden. Dabei sind sie manchmal in ihrer Planung unrealistisch. Sie möchten vielleicht eine teure Reise machen, ein Mofa, Motorrad oder auch ein Auto besitzen, obwohl ihre Mittel dazu nicht ausreichen. Hier ist es wichtig zu zeigen, wo Grenzen sind. Dazu können Sie mit den Jugendlichen über die finanzielle Situation der Familie sprechen und erklären, wie Entscheidungen über die verschieden Ausgaben zustandekommen. Auch für diesen Umgang mit Geld brauchen die Jugendlichen einen Rahmen, um eigene Erfahrungen machen zu können. Dieser Rahmen sollte allmählich immer weiter gefaßt werden. Dazu gehören beispielsweise: die selbstständige Einteilung des Taschengeldes ohne Auflagen; das Annehmen kleiner Jobs, um Geld für die Erfüllung größerer Wünsche zu verdienen; wenn die Jugendlichen etwas älter sind, gehört die eigenständige Verwaltung des Kleidergeldes dazu und der verantwortliche Umgang mit dem eigenen Sparkonto. Ebenso wichtig ist die Erlaubnis, die eigene kurz- und längerfristige Zeitplanung zu machen. Eltern erweisen ihren heranwachsenden Kindern einen größeren Dienst, wenn sie ihnen auch schwierige Erfahrungen zumuten, anstatt sich mit ihnen immer wieder über unerledigte Hausaufgaben oder mangelnde Schulleistungen zu streiten. Es reicht, wenn Eltern zeigen: „Ich stehe für dich zur Verfügung, wenn du mich um Unterstützung bittest. Aber auch meine Pläne müssen dabei berücksichtigt werden."

Eltern von Jugendlichen müssen nicht mehr ständig überall und sofort verfügbar sein. Es gehört zum Ablösungsprozeß von Eltern und Kindern, daß sie beide ihre jeweils eigenen Pläne verfolgen – daß Eltern ihren Kindern zutrauen, daß sie auch ohne sie zurecht kommen können. Die Eltern sind in dieser Zeit mit Jugendlichen häufig wütend und enttäuscht. Sie fühlen sich mißverstanden und abgelehnt. Viele Eltern können sich nicht vorstellen, daß ihre Kinder in wenigen Jahren selbständig sind und auf eigenen Füßen stehen werden. Sie machen sich Sorgen, ob ihre Kinder die Zukunft wirklich bewältigen können und haben Zweifel daran. Dieses und der ganze Ablösungsprozeß führt zu einer sehr wechselhaften Beziehung der Eltern zu ihren herangewachsenen Kindern: Große Nähe wechselt mit Feindseligkeit oder auch scheinbarem Desinteresse ab. Manche Eltern wollen am liebsten die Kinder so schnell wie möglich loswerden aus Enttäuschung und auch aus Empörung. Andere wiederum suchen immer wieder nach der „richtigen" Möglichkeit, um wieder glücklich mit ihren Kindern zu leben. Eltern von Jugendlichen können sich gegenseitig unterstützen und trösten, indem sie sich austauschen über die zuweilen dramatischen Ereignisse. Die Kinder in die Eigenständigkeit zu entlassen ist für Eltern häufig ein schmerzhafter, mit Trauer und auch Wut verbundener Vorgang. Leider wird dies selten offen ausgesprochen. Die Zeit, in der

Ihre Kinder Sie als Eltern brauchten, geht zu Ende. Das ist so traurig wie jeder Abschied sonst. Gestehen Sie sich diese Trauer zu. Vielleicht brauchen Ihre Kinder Sie später einmal als Freunde und Gesprächspartner, dann können Sie sich freuen. Eltern können mit sich selbst zufrieden sein, wenn ihre Kinder gern und mit Zuversicht selbständig werden und dann ihr Elternhaus verlassen. Nutzen Sie die Chance für einen Neuanfang, die darin für Sie liegt. Überlegen Sie sich, wie Sie ihre Zeit gestalten wollen, und ob Sie in Ihrer Partnerschaft etwas verändern möchten. Sie haben mehr Zeit füreinander und können es genießen, Ihre Zweisamkeit neu kennenzulernen und Pläne für die Zukunft zu schmieden. Für alleinlebende Eltern ist es jetzt ganz besonders wichtig, sich einen Freundeskreis aufzubauen oder ihn zu erweitern und herauszufinden, was Sie aus dieser neuen Lebensphase machen wollen. Eltern, die sich so auf ihren Abschied von den Kindern vorbereiten, können diesem neuen Lebensabschnitt bei aller Wehmut auch mit Freude und Neugier entgegensehen und ihre Kinder in Ruhe gehen lassen.

Übungen zum liebevollen Miteinander in der Familie

Wir können nach dem hier Besprochenen fragen, wie wir nun als Eltern mit unseren Kindern so zusammenleben können, daß wir uns gut miteinander fühlen. Wir haben einige Übungen zusammengestellt, mit deren Hilfe Sie sich selbst beobachten und in ganz kleinen Schritten verändern können, wenn Sie Lust dazu haben. Diese Übungen sind nur sinnvoll, wenn Sie sich nicht damit unter Druck setzen oder sich und andere anklagen, wenn Sie etwas finden, womit Sie nicht zufrieden sind. Die Übungen sind für Sie selbst und Ihre eigene Veränderung gedacht. Vielleicht freuen Sie sich daran. Aus der nachfolgenden Reihe von Übungsmöglichkeiten können Sie sich diejenigen heraussuchen, die Ihnen wichtig erscheinen. Am besten beob-

36

achten Sie sich drei bis sechs Tage lang. Es empfiehlt sich, über Ihre Erfahrungen Notizen zu machen, oder mit Freunden aus anderen Familien gleichzeitig eine Übung zu machen und sich darüber auszutauschen.

1. Nehmen Sie wahr, was Sie in Ihrem inneren Zwiegespäch zu sich selbst sagen. Sind Sie häufig mit dem zufrieden, was Sie machen? Sind Sie eher unzufrieden mit sich? Sagen Sie zu sich, daß Ihre Leistung „ganz gut" ist, oder ermutigen Sie sich selbst, indem Sie sich darüber freuen, wenn Ihnen etwas gelingt?
2. Nehmen Sie wahr, was Sie den Familienmitgliedern zu ihrem Da-Sein und zu ihren Leistungen sagen, mit und ohne Worte?
3. Wie beginnen Sie mit Ihrer Familie den Tag? Wie verabschieden Sie sich voneinander, wie begrüßen Sie sich?
4. Beobachten Sie: Sind Sie zärtlich miteinander in Ihrer Familie? Berühren Sie einander? Nehmen Sie Ihre Kinder und Ihre/n Partner/in in den Arm?
5. Beobachten Sie, ob Sie einander ansehen, besonders im Gespräch.
6. Beobachten Sie, wie Sie bedingungslose Zuwendung ausdrücken. Stellen Sie eine Liste auf mit zehn Beispielen, z. B. Streicheln, Blickkontakt …

Wenn Sie zu dem Schluß kommen, daß Sie an Ihrem Verhalten etwas verändern möchten, dann können Sie mit neuem Verhalten experimentieren in Bezug auf die Erfahrungen, die Sie in den vorangegangenen Übungen gemacht haben.

1. Nehmen Sie bewußt Blickkontakt mit Menschen Ihrer Umgebung auf. Konzentrieren Sie sich dabei auf eine Person, etwa auf Ihr Baby, Ihr Kleinkind, Ihre Heranwachsenden oder Ihren Partner/in. Vielleicht einfach nur so, ohne Worte oder im Gespräch. Achten Sie dabei auf Ihre Gefühle und die Reaktion der anderen.
2. Schreiben Sie auf, was Sie heute gut gemacht haben und womit Sie zufrieden sind. Sie können verschiedene Farben verwenden, um Abstufungen Ihrer Zufriedenheit zu kennzeichnen. So können Sie gleich überblicken, wie das Verhältnis von Zufriedenheit und Unzufriedenheit bei Ihnen ist.

3. Beobachten Sie, was eine Person Positives tut, mit der Sie Probleme haben.
4. Zeigen Sie anderen, wenn Sie sich freuen, z. B. wenn Ihnen gefällt, was sie getan haben.
5. Sprechen Sie am Abend mit Ihren Kindern über den Tagesverlauf: Was hat Ihren Kindern und Ihnen gefallen, was hat Ihnen nicht gefallen ... z. B. „Ich habe mich gefreut, wie du dein Problem mit deiner Freundin gelöst hast."

Eltern, Kinder und Erwachsene in einer Person? oder: Wir alle haben mehrere Persönlichkeitsanteile (Ich-Zustände)

Wie wir im vorigen Kapitel gezeigt haben, müssen Eltern immer wieder ein Gleichgewicht herstellen zwischen ihren Aufgaben den Kindern gegenüber und ihren eigenen Bedürfnissen. Nach unseren Erfahrungen ist es nützlich, etwas von der menschlichen Persönlichkeit und ihrer Entwicklung zu verstehen und zu durchschauen, wie Menschen miteinander in Verbindung treten und welche Wechselwirkungen dabei eine Rolle spielen. Das Ich-Zustands-Modell der Transaktionsanalyse stellt dafür ein gutes Handwerkzeug dar. Um dieses Modell anzuwenden, ist allerdings einige Übung und Geduld erforderlich (siehe Übungen am Ende dieses Kapitels).

Wie erkennen wir die verschiedenen Persönlichkeitsanteile (Ich-Zustände)?
Eric Berne, dem Begründer der Transaktionsanalyse fiel auf, daß Patienten seiner psychiatrischen Praxis im Lauf einer Sitzung ihr Verhalten häufig veränderten. Sie mochten gerade noch ganz sachlich Auskunft über sich gegeben haben, um unvermittelt in einen klagenden Ton zu verfallen wie ein weinerliches Kind und bald darauf sich streng und verurteilend zu äußern wie eine scheltende Elternperson. Passend zu ihren Äußerungen änderten sie auch ihre Körperhaltung, Gestik und Mimik. Berne identifizierte bei seinen Beobachtungen drei Kategorien, die er Ich-Zustände nannte: Eltern-Ich-Zustand, Erwachsenen-Ich-Zustand und Kind-Ich-Zustand. Wir können lernen, Sie bei uns und anderen zu erkennen und zu beobachten.

Nach Berne veranschaulichen wir die Ich-Zustände mit diesem Diagramm:

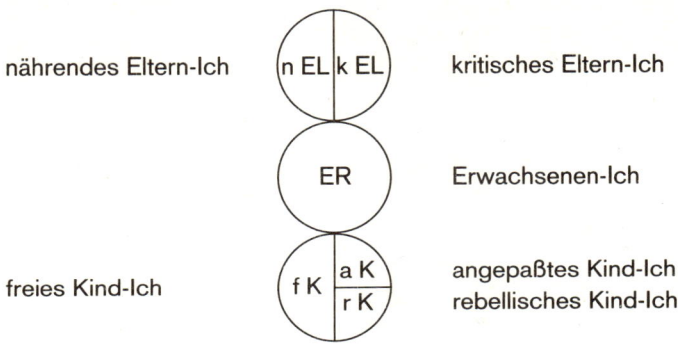

| nährendes Eltern-Ich | n EL | k EL | kritisches Eltern-Ich |

ER — Erwachsenen-Ich

freies Kind-Ich — f K | a K / r K — angepaßtes Kind-Ich / rebellisches Kind-Ich

Ein Mensch im Eltern-Ich-Zustand verhält sich in jedem Fall aus einer überlegenenen Position heraus, ob kritisierend oder wohlwollend. Das Eltern-Ich hat zwei unterschiedliche Teilbereiche: Das kritische kontrollierende Eltern-Ich und das fürsorgliche nährende Eltern-Ich. Wir alle kennen die typischen Ausdrucksformen des kritischen Eltern-Ichs (von unseren Erfahrungen mit elternähnlichen Autoritäten neben unseren Eltern wie Vorgesetzten, Lehrern, Nachbarn, Hauswirten, Verwandten aller Art und älteren Geschwistern): hochgezogene Augenbrauen, Stirnfalten, erhobener Zeigefinger, zweifelnder oder strafender Blick, eventuell düstere Miene usw. Dazu kommt der Tonfall der Stimme, ihre Lautstärke, Schärfe und Färbung wie Vorwurf und Eindringlichkeit. Manchmal verleiht jemand seinen Äußerungen Nachdruck, indem er sich hochreckt oder abwehrend gestikuliert. Die Wortwahl verrät uns viel über das kritische Eltern-Ich, wie: du solltest, du mußt, darfst nicht, kannst nicht, sollst nicht, machst nie, vergißt immer, sind nur einige von vielen möglichen Äußerungen. Jeder von uns hat seine eigenen Erfahrungen mit den Eltern gemacht, deren Verhalten sein heutiges Eltern-Ich prägt. Wir handeln und reagieren aus dem kritischen Eltern-Ich

40

heraus im Einklang mit unseren verinnerlichten Ge- und Verboten, Erlaubnissen und Regeln entsprechend unseren Wertvorstellungen und Normen. Im günstigen Fall helfen sie uns, das Leben zu meistern und sichern unser Überleben (Verkehrsregeln, Gesetze, Umgangsformen), ohne daß wir jedesmal eine Entscheidung treffen müssen. Im ungünstigen Fall bilden wir auf diese Weise Vorurteile, beschränken Spontaneität, Flexibilität und Kreativität in unseren Handlungsmöglichkeiten. Jeder Mensch braucht zu seiner Entwicklung fördernde Korrekturen, zeitweise Kontrollen und Anweisungen oder Befehle, wie „Laß das!" in Gefahrenmomenten. Dies sind positive Ausprägungen des kritischen Eltern-Ichs. Wenn im Zusammenleben mit anderen Kontrolle und Kritik übermäßig verwendet werden, wirkt sich dieser Teil des Eltern-Ich eher negativ verstärkend aus. Er bewirkt meistens Entmutigung und Niedergeschlagenheit und engt die Lebensfreude ein. Wir wenden uns aus dem kritischen Eltern-Ich nicht nur an andere, wir reden auch in unserem inneren Dialog mit uns selbst so und oft auch strenger und unnachgiebiger als mit anderen, wenn es zum Beispiel um möglichst perfekte Leistungen geht.

Unser Verhalten aus dem nährenden Eltern-Ich heraus ist auch aus unseren ganz besonderen Erfahrungen mit unseren Autoritätspersonen beeinflußt. Das fürsorgliche Eltern-Ich erkennen wir an hingewendeter Körperhaltung und liebevollen, anteilnehmenden Blicken. Manchmal strecken wir dem anderen die Hände entgegen, berühren sie oder ihn sanft oder nehmen andere in die Arme. Unsere Stimme wird weich, bestärkend, verstehend. Wir nicken vielleicht mit dem Kopf, und unsere Wortwahl drückt Bestätigung, Zustimmung und Ermutigung aus: „Das hast du ja gut hingekriegt", „fein!", „weiter so!", „das darfst du", „du kannst das", „ich freue mich mit dir, auf dich", „schön, daß du unser Kind bist, daß wir dich haben". Das nährende Eltern-Ich hat auch eine wichtige Funktion für uns selbst. In unserem inneren Dialog mögen wir sagen: „Ich gönne mir jetzt eine

Ruhepause, jetzt kann ich in Ruhe ein Weilchen lesen, anstatt gleich nach dem Essen sofort wieder zu arbeiten."

Wenn wir mit den Ich-Zuständen vertraut sind, können wir wahrnehmen, daß wir alte Muster korrigieren, indem wir uns erlauben, Dinge anders zu machen als unsere verinnerlichten Eltern fordern oder uns z. B. trösten, wenn uns etwas mißlungen ist. Meine Mutter in mir sagt manchmal noch: „Mach es doch gleich!", wenn noch etwas zu erledigen ist, ich mich aber hinlegen will. Ich sage dann zu mir, daß ich jetzt gerade müde bin, mich auf einen Musikgenuß freue oder einen interessanten Artikel lesen möchte. Manchmal sage ich zu mir: „Wo steht geschrieben, daß man das Vergnügen aufschieben soll und nicht die Pflichten?" Herrlich die folgende Antwort: Es steht nirgends geschrieben! Im günstigen Fall sorgt das nährende Eltern-Ich dafür, daß wir uns gut mit uns fühlen können, etwas schaffen können, auch wenn wir uns für uns Zeit nehmen, uns Pausen gönnen, und unser nährendes Eltern-Ich uns erlaubt, nicht nur andere, sondern uns selbst wichtig zu nehmen. Wir können uns immer wieder aufbauen und in Notzeiten auch trösten. Das tun wir wahrscheinlich alles viel selbstverständlicher für andere, vor allem für unsere Kinder. Wenn die Fürsorge aus dem nährenden Eltern-Ich übertrieben wird, kann der andere unterdrückt werden, seinen Raum nicht einnehmen. Kinder glauben dann vielleicht, daß sie hilflos sind, lieber nicht selbständig werden. Ihr Wachstum und Selbstwertgefühl werden eingeschränkt.

Wenn wir uns aus dem Erwachsenen-Ich-Zustand verhalten, sind wir nicht auf die Vergangenheit bezogen, sondern sind in der Gegenwart. Wir nehmen wahr, was ist, nehmen Informationen auf, geben sachlich Auskunft und Informationen weiter. Wir bemühen uns, aufzuklären, was wir nicht verstehen, tun Quellen auf, wie wir Wissen erlangen. In diesem Ich-Zustand sprechen wir mit klarer, sachlicher, vielleicht auch nüchterner Stimme, sitzen aufrecht, hören genau zu, formulieren klärende Fragen (z. B. zu Behauptungen anderer). Das Erwachsenen-Ich hat große Bedeutung für das Vertrautmachen und den Umgang mit der Realität. Wir können uns manche Sorgen und Ängste ersparen, wenn wir auf möglichst genauer Auskunft bestehen, statt uns unseren Reim zu machen, uns zu quälen mit Befürchtungen durch unvollständige Information, Geheimnisse oder Andeutungen und Behauptungen anderer. Wenn wir allein mit uns sind und unsere Ich-Zustände in einem inneren Zwiegespräch zu Wort kommen lassen, können wir feststellen, daß unser Erwachsenen-Ich uns hilft, uns Klarheit zu verschaffen und Entscheidungen zu treffen. Wir können mit Hilfe des Erwachsenen-Ichs unser Handeln überprüfen und besser mit unseren Gefühlen fertig werden. Wir können wahrnehmen, daß auch unangenehme Gefühle sehr wichtig und hilfreich sind, wenn wir unser Erwachsenen-Ich dazu benutzen, sie zu ergründen und dann etwas unternehmen, wodurch wir unsere Lage verändern. Extrem und einseitig nur aus dem Erwachsenen-Ich zu leben, nimmt der Person ihre Lebendigkeit, Charme und Attraktivität und behindert echten Kontakt zu anderen Menschen.

In uns lebt noch immer das Kind, das wir einmal waren. Der Kind-Ich-Zustand umfaßt unser Verhalten aus diesem Kind heraus. Dazu gehört, wenn wir uns freuen, lachen, weinen oder auch wütend sind. In diesem Ich-Zustand können wir schöpferisch, rücksichtslos, spielerisch, einfühlungsfähig sein und Spaß haben. Hier ist auch die Quelle für Intuition und Erkenntnisse nach der Art eines Kindes. Bei manchen Menschen ist dieser Kind-Ich-Zustand nur selten oder schwach sichtbar oder verschüttet. Im Kind-Ich unterscheiden wir drei Teilbereiche: Das freie Kind, das angepaßte Kind und das rebellische Kind.

Das freie Kind wird auch das natürliche Kind genannt. Es erlebt seine Bedürfnisse oder Abneigungen spontan. Es kann zügellos und extrem egoistisch sein, ungehemmt Gefühle äußern wie schreien, weinen, lachen, hüpfen, springen, rennen, tanzen. Es kann verzweifelt sein und Schmerz empfin-

43

den und Wutausbrüche zeigen. Das freie Kind beglückt uns durch Charme und Humor, Lebensgenuß und Lebensfreude, es macht dadurch das Leben lustvoll. Es bejaht sich selbst und ist vertrauensvoll. Dem freien Kind entspringt auch die Kreativität, die Intuition und die Fähigkeit zu lieben und Liebe anzunehmen oder zu fordern. Es ist der vitalste Teil der Persönlichkeit. Die Lautäußerungen sind vielfältig, von kraftvoll bis sanft, und die Mimik ist lebhaft. Manchmal sieht man bei einem Erwachsenen ein Aufblitzen der Augen oder einen kurzen Schatten von Trauer übers Gesicht huschen, oder er bricht plötzlich in befreiendes Gelächter aus. Das freie Kind ist neugierig und wissensdurstig und hat von frühester Kindheit einen starken Forschungsdrang.

Das angepaßte (reaktive oder gehorsame) Kind-Ich zeigt nicht mehr spontan, was in ihm vorgeht. Es reagiert entsprechend verinnerlichten Normen und Regeln, richtet sich nach Erlaubnissen, Verboten und Geboten. Unerwünschtes Verhalten trachtet es zu unterdrücken und zu verbergen und verliert vielleicht auch den Kontakt zu seinen unerwünschten Gefühlen. Es sucht „unauffällige Arten" von Widerstand wie Rückzug, Schweigen, Maulen oder Nörgeln. Die Haltung ist manchmal zusammengesunken, der Kopf gesenkt oder schief gehalten, der Blick kann auch nach oben oder nach unten gerichtet oder ängstlich-erwartend sein. In diesem Zustand kann man manchmal, besonders bei Kindern, beobachten, daß sie durch einen hindurchzusehen scheinen, taub wirken, kaum reagieren. Sie wirken ignorant und erzeugen Ärger bei anderen wegen der Nichtachtung. Dahinter steckt jedoch häufig die erlernte Strategie, in Phantasien wegzudriften, weil sie geängstigt sind. Die Stimme ist eher leise, manchmal hat sie einen klagenden Unterton, besonders bei unterdrückten Trauergefühlen oder Enttäuschung. Kinder mit sehr strengen Eltern wirken oft matt, hoffnungslos und farblos, so als hätten sie aufgegeben, hätten kaum Vertrauen in eine gute Zukunft. Das angepaßte Kind ist notwendig, um sich mit anderen zu arrangieren, in Familie, Schule und Beruf rücksichtsvoll und der Situation angemessen umgehen zu lernen, vorgegebenen Zielen zu folgen, in dem wir fähig werden, Bedürfnisse aufzuschieben, Impulse zurückzustellen. Wenn aber der Ich-Zustand des angepaßten Kindes zu vordergründig ist, so daß die Person eingeschränkt ist zu trauern, spontan zu lachen und zu lieben, dann geht dem Menschen sehr viel verloren von seiner Vitalität, seiner Ausstrahlung, dem Mut zur Kreativität und der Fähigkeit, anderen nahe zu sein.

Das rebellische Kind ist ein in unserer Gesellschaft und bei uns selbst häufig zu beobachtender Ich-Zustand. Wir wehren uns gegen Unterdrückung, sorgen im günstigen Fall für Veränderung widriger Verhältnisse, begehren auf. Wer es in der Kindheit gewohnt war, sich durch das rebellische Kind zu „retten" bei zu starker Bevormundung oder Überbetreuung, ist manchmal später immer noch „dagegen", auch wenn es sie oder ihn selbst behindert. In diesem Fall ist jemand sein eigener Gefangener. Wir erleben dies bei allen Menschen, besonders jedoch bei Kindern und Jugendlichen und wieder bei älteren Menschen in Lebenskrisen wie Trotzalter, Pubertät oder nachlassender Lebenskraft. Im rebellischen Kind werden Kräfte mobilisiert, häufig Wut entwickelt, und die Person spürt ihre Kraft. Manchmal führt dies auch zur Veränderung. Wenn jemand im rebellischen Kind-Ich ist, kann es sein, daß er patzig, schnippisch oder laut abwehrend mit wegwerfenden Handbewegungen reagiert. Er zeigt seine Rebellion auch ohne Worte, z. B. durch gegen andere hinwippende Füße, als ob er sein Gegenüber am liebsten treten wollte. Das Aufstampfen mit dem Fuß, das Trampeln mit beiden Füßen und Sich-auf-den-Boden-Werfen kennen wir gut vom trotzenden Kind. Aber auch Erwachsene können sich in solchen oder ähnlichen Verhaltensweisen ergehen (Türenschlagen usw.). Der Tonfall kann aggressiv, zuweilen drohend sein, andere können nachgeäfft werden, oder man meint, ein „Bätsch!" nach seinen Ausführungen zu vernehmen. Wir brauchen für unsere Entwicklung und zur Meisterung des Lebens das Zusammenspiel aller Ich-Zustände. Sie haben alle ihre wichtigen Funktionen. Im Idealfall handeln wir situationsgerecht aus einem geeigneten Ich-Zustand heraus. Wir haben die Wahl, den Ich-Zustand zu wechseln. Die Kommunikation zwischen zwei Personen, wie von Mutter und Kind, wird bestimmt von den Ich-Zuständen, aus denen Ansprache und Reaktion erfolgen. Das kritische Eltern-Ich lockt das angepaßte Kind oder das rebellische Kind. Das Nährende Eltern-Ich ruft das freie Kind auf den Plan und das Erwachsenen-Ich wendet sich an das Erwachsenen-Ich.

Wie „leihen" Eltern ihren Kindern ihre Ich-Zustände?

Im Laufe ihres Elterndaseins müssen Eltern sehr unterschiedliche Anforderungen erfüllen, um ihren Kindern einen angemessenen Rahmen für die Entwicklung zu selbständigen, beziehungsfähigen und denkfähigen erwachsenen Menschen zu bieten. Zu Beginn seiner Entwicklung braucht ein Kind alle Ich-Zustände der Eltern als „Leihgabe", um zu überleben. Am Ende dieser Entwicklung steht idealerweise der junge Erwachsene, der selbständig und unabhängig sein Leben bewältigt, ohne auf elterliche Unterstützung angewiesen zu sein – der über alle drei Ich-Zustände bei sich selbst verfügen kann. Wie Kinder diese Fähigkeiten entwickeln können, hängt zum einen von ihrer biologischen Ausstattung und ihrer körperlichen Entwicklung ab, zum anderen wird dies auch von den äußeren Bedingungen, unter denen ein Kind aufwächst, und hier besonders von der Beziehung zu seinen Betreuungspersonen (in der Regel also zu den Eltern), geprägt. Vieles lernen Kinder durch die Beobachtung der Eltern, durch Nachahmung. Eltern handeln häufig aus dem Augenblick heraus, ohne darüber nachzudenken, oft so, wie sie es selbst bei ihren eigenen Eltern oder anderen Bezugspersonen erlebt haben.

Auf diese Weise wiederholen sie, ohne es zu wollen, alte Familienmuster, die sie ihren Kindern unbeabsichtigt vermitteln. Die Kenntnis der Ich-Zustände kann für Eltern deswegen eine nützliche Orientierung geben, um das eigene Verhalten besser zu verstehen und um den Kindern und der Elternaufgabe gerecht zu werden. Dies erleichtert ihnen, das eigene Verhalten zu überdenken, zu korrigieren und vielleicht etwas ganz Neues auszuprobieren. Im folgenden Abschnitt wollen wir anhand von Beispielen skizzieren, wie und in welchem Ausmaß Eltern ihren Kindern idealerweise ihre Ich-Zustände „leihen", zur Verfügung stellen. Wir nehmen aus Vereinfachungsgründen eine Einteilung nach bestimmten Altersabschnitten vor. Die Übergänge sind in Wirklichkeit fließend und sind zum Beispiel auch von äußeren Lebensbedingungen abhängig und von angeborenen Grundlagen des jeweiligen Kindes. So lernen alle gesunden Kinder mit etwa einem Jahr laufen. Sie brauchen vorher nicht zu trainieren. Wenn bestimmte körperliche Voraussetzungen erfüllt sind, wird das Kind es von selber früher oder später tun. Die Haltung allerdings, mit der die Eltern dies begleiten, die Freude über diese einschneidenden Entwicklungsschritte, die sie mit dem Kind teilen, der Schutz und die Freiheit, die sie gleichzeitig gewähren – das alles ist etwas, das die Kinder in ihre Vorstellung von sich selbst aufnehmen. Wenn sie später im übertragenen Sinn „in die Welt ausschreiten", werden sie dies eher mit Freude tun, wenn sie die bestärkende Haltung ihrer Eltern erlebt haben. Uns ist klar, daß Eltern häufig sehr viel Kraft in schwierige und überhaupt nicht ideale Lebensumstände stecken müssen. Wir verstehen unsere Beispiele als Anregung, mal etwas Neues auszuprobieren und nicht als strikten Fahrplan „wie man es machen muß".

Altersstufe 0 bis 6 Monate
Zu Beginn seines Lebens ist das Baby überaus abhängig von seinen Betreuern. Es ist aber auch ein sehr aktives und zu

vielen erstaunlichen Dingen fähiges Wesen. Wie wir heute aus der Säuglingsforschung wissen, ist die Wahrnehmungsfähigkeit von sehr kleinen Kindern schon viel entwickelter, als man früher annahm. Die Babys können sehen, hören, schmecken, riechen und können sehr früh Bekanntes und Neues unterscheiden. Sie sind sehr an Kontakt interessiert und geben eine Menge Signale, mit denen sie von sich aus zeigen, was ihnen gefällt. Trotz dieser Fähigkeiten bleibt die lebensnotwendige Abhängigkeit von Betreuungspersonen. Wie abhängig und dadurch seiner Umgebung ausgeliefert das Baby ist, können wir vielleicht nachvollziehen, wenn wir uns vorstellen, wir lägen im Bett, könnten uns nicht umdrehen, nicht hochkommen, nicht sprechen, nicht herausfinden, was uns gerade fehlt, wir wissen nur, daß wir Unbehagen spüren. Alles, was uns möglich ist, ist zu schreien, damit uns jemand hilft, das Unbehagen oder den Schmerz zu beheben, uns zu nähren, wenn wir Hunger haben, uns zu wickeln oder zu wärmen, wenn wir frieren. Vielleicht liegen wir so, daß wir noch nicht einmal sehen können, weil uns die Sicht versperrt ist. Wir haben noch kein Zeitgefühl, wir wissen nicht, wie lange wir schon unglücklich sind und wie lange wir noch warten müssen, bis jemand kommt. Das Kind benötigt in dieser Situation alle drei Ich-Zustände der Eltern:

Durch ihr nährendes Eltern-Ich erhält es liebevolle Betreuung, Ernährung und Schutz. Wenn sie ihr Kind nicht selbst versorgen oder einen Babysitter brauchen, nehmen sie eine Pflegeperson, die sich auf Kinder versteht und weiß, was Kinder brauchen. Mit ihrem Erwachsenen-Ich holen sie Informationen ein und prüfen die Realität. Sie organisieren den Alltag, die Zeiteinteilung und z. B. die räumliche Umgebung so, daß das Kind bekommt was es braucht (warmer Raum beim Wickeln). Aus dem Erwachsenen-Ich heraus finden die Eltern auch Lösungen, wenn sie selbst angestrengt, frustriert und müde sind vom Versorgen des Babys: Sie machen sich z. B. einen genauen Plan für eigene Pausen.

48

Aus ihrem eigenen Kind-Ich fühlen sich die Eltern in die Gefühle und Bedürfnisse des Kindes ein, z. B. nach Nähe, Helligkeit und Bewegung. (Wie würde ich mich jetzt fühlen, nachts im Dunkeln, allein im Zimmer, vielleicht gar in fremder Umgebung, ohne die vertrauten Geräusche und die „Sprache" der eigenen Familie, die mich versteht?) Sie reagieren, antworten intuitiv und spontan auf die Signale des Kindes. Viele Eltern von sehr kleinen Kindern beschreiben die Art der Einfühlung: „Es tut mir weh, wenn sie geimpft wird." Diese natürliche frühe Abhängigkeitsbeziehung nennen wir Symbiose. Sie sichert das Überleben. Wenn sie gelingt, können die Kinder erfahren, daß sie erwünscht sind, ganz gleich, wie sie sind, ob sie ein Junge oder Mädchen sind. Sie speichern diese ersten Erinnerungen an liebevolle Eltern als ein Gefühl der Zuversicht und Sicherheit für ihr Erwachsenen-Dasein.

Altersstufe 6 bis 18 Monate
Von Anfang an wirkt das Kind aktiv an der Gestaltung seiner Beziehung zu seinen Eltern mit. Es zeigt jetzt zunehmend ein intuitives Gespür für Beziehungen. Es ist unsere vorbewußte Fähigkeit, zu „wissen" was los ist. „Wie ist hier heute die Stimmung?"

Das Kind wird mehr und mehr fähig, sich zu erinnern und wiederzuerkennen. Es betrachtet seine Umwelt mit Interesse und Neugier und beginnt, sie zu erforschen. Es steckt alles mögliche in den Mund und fühlt mit der Zunge. Später untersucht es Gegenstände, Schubladen, kramt ziellos in Kästen, greift lustvoll in Sand und nach Blättern. Es untersucht die Mutter, greift ihr ins Haar, hängt sich an die Halskette, zieht an den Knöpfen, kurz, es begreift die Umwelt. Es wirft Sachen weg, probiert aus, wie Gegenstände fallen, krabbelt hinterher, setzt sich auf und zieht sich hoch und lacht, wenn es stehen kann und will kaum noch liegen. Seine Interessen und seine Aufmerksamkeit wechseln noch sehr schnell. In diesem Alter blickt das Kind anders, verstehender in die Welt. Es sieht kritisch auf Fremde, die es zunehmend beunruhigen, weil es jetzt Vertrautes und Unvertrautes unterscheidet (Fremdeln). Es hat seine eigenen Verständigungsmöglichkeiten erweitert und zeigt auf vielfältige Weise seine Gefühle – nicht nur durch Schreien. Es ahmt alles mögliche nach, schnalzt lustvoll mit der Zunge und kann viele unterschiedliche Geräusche hervorbringen. Zunehmend lernt es, einzelne Worte zu sprechen und reagiert auf spielerische und beruhigende Ansprache Erwachsener. Das Kind versteht ihre Ausdrucksbewegungen und in wachsendem Maße ihre Worte. Durch die Fähigkeit, etwas zu halten (z. B. einen Löffel) und die wachsende Beweglichkeit durch Krabbeln und Stehen, macht es die ersten Schritte zur Selbständigkeit, gefolgt von den ersten tatsächlichen Schritten in die Welt: Es lernt laufen.

Auch in dieser Zeit braucht das Kind die Symbiose mit den Eltern aus allen ihren Ich-Zuständen. Mit ihrem Eltern-Ich und ihrem Erwachsenen-Ich passen sie auf, daß ihr Kind beschützt „forschen" kann. Sie schaffen eine sichere Umgebung, damit das Kind sich nicht verletzt, wenn es in seine Umwelt ausgreift. Gefährliche und zerbrechliche Gegenstände werden sicher aufbewahrt und vielleicht einige untere Schubladen mit Sachen gefüllt, die für das Kind interessant und geeignet sind. So kann es in der Küche in Sieben, Deckeln, Formen wühlen und allerlei Geräusche hervorbringen. Oft jauchzt, lacht oder plappert es dazu. Mit ihrem eigenen Kind-Ich spielen die Eltern mit dem Kind, wenn es das mag. Sie benutzen ihre eigene Intuition, um sich in das Kind einzufühlen und es zu verstehen. Die kleinen Ausflüge von der Mutter weg werden bejaht, das Zurückkommen ebenfalls. Die körperliche Zuwendung des nährenden Eltern-Ichs wird jetzt oft durch liebevolle Blicke und Worte ergänzt oder ersetzt, mit denen die Eltern das Tun und Dasein des Kindes bestätigen. Die Eltern nehmen jetzt ihre Deutungen der Gefühle des Kindes, die es zunehmend selbst ausdrücken kann, mehr zurück. Sie lassen das Kind gewähren und unterstützen beispielsweise seinen Wunsch, selbst zu essen – auch wenn es kleckert. Das Kind ist wichtiger als Ordnung. Die Eltern ermutigen das Kind aus ihrem nährenden Eltern-Ich, aktiv zu sein und geben ihm Schutz dabei, ohne das Kind zu behindern und ängstlich zu machen. Sie sind verfügbar und unterstützen das Kind. Sie erlauben ihm den forschenden Umgang mit Sachen, auch daß es sie in den Mund nimmt. So gewinnt ein Kind die Gewißheit: Es ist gut, alles zu untersuchen und Neues kennenzulernen. Wenn es so ermutigt wird, bewegt es sich sicher und fließend und erwirbt Geschicklichkeit und Lust, etwas zu tun, aktiv zu sein. Erlebt ein Kind in der Beziehung zu seinen Betreuungspersonen eine solche Begleitung, kann es in seine Vorstellung von sich selbst aufnehmen: Ich darf aktiv sein und ich bin fähig.

Man geht heute davon aus, daß alle Säuglinge den Antrieb haben, diese Grundvorstellung zu entwickeln. Eine Haltung der Eltern, diesen Forschungsdrang wahrzunehmen und ihm Raum zu geben, stellt die Entwicklung dieser Fähigkeit sicher.

Altersstufe 18 bis 36 Monate
Mit der beobachtbaren Erweiterung seiner Denkfähigkeit drängt das Kind nach Unabhängigkeit und Eigenständigkeit, besonders von den Eltern. Sein Gehirn hat mit drei Jahren 90 % seines endgültigen Volumens erreicht. Das Kind ist sehr interessiert und möchte alles genau wissen und verstehen. Es braucht Zeit und Geduld zum Nachdenken. Das sagt es auch, wenn es entsprechende Vorbilder hat: „Ich muß mir das überlegen." Es teilt seine Denkergebnisse gerne mit: „Ich glaube, das ist so …". Es hat das Bedürfnis zu erfahren, was die anderen in der Familie vorhaben und denken. Je klarer und direkter die Erwachsenen mit ihm reden, desto besser lernt es, die Welt zu verstehen und sich in ihr zurechtzufinden. Das Kind verknüpft jetzt Gedanken und Erfahrungen miteinander, erkennt Widersprüche, ist

beunruhigt durch Geheimnisse Erwachsener und macht sich seinen „eigenen Reim" auf Unverständliches. Das Kind erlebt neue und intensive Gefühle während seiner Ablösungsbemühungen. Angst vor dem Getrenntsein als eigenständige Person und die Erfahrung, daß die Dinge nicht so gehen, wie das Kind es sich wünscht, führen zu Frustration und Wutausbrüchen. Das Kind erlebt seine Grenzen und fordert grenzsetzende Reaktionen bei seinen Bezugspersonen heraus. Es probiert, was passiert, wenn es seinen Becher ausgießt, tolle Geschichten erzählt (ob sie ihm geglaubt werden?) oder wenn es jemanden kneift. Überhaupt erkundet es andere Menschen. Das Ergebnis wird ihm im Leben zur Orientierung dienen. Es möchte, daß sie tun, was es will. Beispiele: Eine Mutter geht mit einem laut brüllenden Dreijährigen über die Straße – er will, daß sie ihre Einkäufe rückgängig macht, die Medikamente in die Apotheke zurückbringt, weil sie die von ihm gewünschte Reihenfolge der Einkäufe nicht eingehalten hat. Ein dreineinhalbjähriges Mädchen verlangte, daß ihre Mutter bei Regen einen langen Weg zurückgehen sollte, weil die Kleine den Traubenzucker jetzt doch annehmen wollte, den sie in der Drogerie zunächst abgelehnt hatte. Das Kind stellt Gewohntes in Frage und experimentiert damit, vieles anders zu machen als bisher oder als die anderen. Vorübergehend haben „Nein" und „ich will nicht" eine überragende Bedeutung. Eltern können sich damit trösten, daß Kinder, die Nein sagen können und vor allem dürfen, später besser durchhalten, wenn es darum geht, ihre Meinung zu vertreten. Der Streß mit dem sich ablösenden Kind wird gemildert, wenn die Eltern es unterstützen und ihr Erwachsenen-Ich benutzen. Eine Mutter erzählte, daß sie sich selbst oft bei Schwierigkeiten sagt: „Bleib bloß im Erwachsenen-Ich!" Aus ihrem Erwachsenen-Ich überdenken Sie, welche Regeln oder Forderungen Sie durchsetzen wollen, ob Sie vernünftig handeln, ob das Kind verantwortlich über sich bestimmen kann, z. B. beim Essen. Es ist meistens sehr erleichternd,

52

dem Kind zu überlassen, was und wieviel es ißt. Eltern merken manchmal gar nicht, wie unwirksam und ungesund der Kampf ums Essen über Monate andauert. Das Loslassen-Können zeigt sich auch in all den kleinen Machtkämpfen.

Wichtig ist, daß die Eltern sich auf die notwendigen Regeln, die das Kind schützen, konzentrieren. Leitfragen bei diesen Entscheidungen können sein: Schädigt sich mein Kind dadurch, oder werden andere geschädigt? Steht der Aufwand, den diese Maßnahme für das Kind zur Folge hat, auch in einem angemessenen Verhältnis zum Effekt? Es ist gut, auf „Erziehungsvorschläge" von Außenstehenden mit dem Erwachsenen-Ich zu reagieren und sich auf die eigenen Beobachtungen und Kenntnisse zu stützen. So werden viele Eltern gedrängt, ihr Kind doch endlich zur Sauberkeit zu erziehen. Gleichzeitig ist die Aussicht für viele Eltern verlockend, möglichst früh ein Kind zu haben, das selbst auf die Toilette geht und nicht mehr gewindelt werden muß. Hier ist es gut, wenn die Eltern aus dem Erwachsenen-Ich heraus prüfen, inwieweit das Kind in der Lage und bereit ist, diese Funktionen selbst zu kontrollieren. Kinder geben eine Menge Hinweise, wann sie zu diesen Kontrolleistungen imstande und bereit sind (z. B. nachts trockenzubleiben ohne Beeinflussung der Eltern; verstärktes Interesse, die Toilette zu benutzen). Indem die Eltern dies dem Kind selbst überlassen und ihm Zeit geben für diesen Prozeß, schaffen sie eine wichtige Grundlage für das Kind: Es darf die Kontrolle über seine Körperfunktionen erlangen. Ihre Bereitschaft, das Kind dabei zu begleiten und nicht kontrollierend einzugreifen, können Eltern zeigen, indem sie dem Kind in dieser Zeit Hosen anziehen, die es selbst leicht ausziehen kann, der Gang zur Toilette/Topf mühelos ist, sie nicht schimpfen oder strafen oder Ekel zeigen, wenn das Kind in die Hosen macht oder seine Ausscheidungen anfaßt. Unerfüllte Wünsche und notwendige Verbote sollten begründet werden, und das Kind kann durch Aufzeigen anderer Möglichkeiten lernen, selbst kreativ zu denken und selbst Alternativen vorzuschlagen. Damit das Kind seine Denkfähigkeit gut entwickelt, braucht es der Wahrheit entsprechende Aussagen der Erwachsenen und muß über die Vorgänge in der Familie wie schwere Krankheit, Tod oder Trennung altersangemessen und wahrheitsgemäß aufgeklärt werden. Das Kleinkind spürt Spannungen in der Familie, wenn andere traurig sind, die Eltern im Zwist leben oder andere Probleme haben. Wird dies aus gutgemeinten Absichten nicht getan, fangen die Kinder an, eigene Schlußfolgerungen über die Situation zu ziehen. Häufig glauben sie dann, sie selbst seien die Ursache für die Spannung oder Trauer ihrer Eltern. Gleichzeitig braucht das Kind die entlastende Aussage, daß die Erwachsenen ihre Probleme lösen werden und es nicht mit hineingezogen wird. Geheimnisse in der Familie sind quälend für das Kind. Das Kind braucht durch Klarstellung der Erwachsenen Hilfe bei der Unterscheidung von Wirklichkeit und Phantasie: „Erzählst du uns jetzt eine Als-ob-Geschichte?" Das nimmt dem Phantastischen nicht den Reiz und bedeutet nicht Entzauberung der Traumwelt. Wenn die Eltern die Gefühle des Kindes unerschrocken beim Namen nennen, kann das Kind lernen, daß es wütend, ängstlich und traurig sein darf und es Schmerzen hat, wenn es sich stößt. Aus ihrem Kind-Ich fühlen die Eltern dem Kind nach, wenn es abends Angst allein im Dunkeln hat und lassen die Tür offen und eine Lampe brennen. Sie können mit ihrem Kind-Ich auch viele Probleme mit Humor mildern, wenn nicht gar lösen. (Dabei das Kind aber nicht auslachen oder veräppeln!) Kinder brauchen spielfreudige Eltern. Aus dem nährenden Eltern-Ich braucht das Kind viel Schutz, Geduld und Zustimmung für seine schwankenden Gefühle, sein Wegstreben, sein Wieder-klein-sein-Wollen. Es braucht tröstende Umarmung bei seinen Kümmernissen. Manchmal sind Reaktionen der Eltern aus dem kritischen Eltern-Ich eine Erlaubnis für das Kind, das sich in den Trotz gesteigert hat: „Hör auf, so zu schreien, ich kann nicht verstehen, was du willst, sag es mir!" Solche Eingriffe sind auch notwendig, wenn das Kind anderen wehtut.

Altersstufe 3 bis 6 Jahre
Wenn das Kind bisher bestrebt war, sich von anderen zu unterscheiden, will es jetzt wissen, wie es sich unterscheidet. Es ist daran interessiert, was es bedeutet, sein eigenes Geschlecht zu sein und was das andere Geschlecht ausmacht. Ein kleiner Junge: „Kann ich nicht doch später Kinder kriegen?" Es fragt sich: „Wer bin ich?" Wir gehen davon aus, daß die Kinder die einschränkenden und auch die nährenden und fürsorglichen Verhaltensweisen der Eltern übernehmen und Spielraum und Vorbild für Spielfreude und Fröhlichkeit erhalten. Mit der Erweiterung seines Aktionsradius stürmen auf das Kind viele Außenreize ein. Es ist bemüht, Zusammenhänge mit seinem Erwachsenen-Ich zu erfassen, und es sucht Erleichterungen für die schwierige Aufgabe, sich in den verschiedenen Lebensumwelten und mit der eigenen wachsenden Selbständigkeit zurechtzufinden. Eine Hilfe ist ihm dabei, sich ein eigenes Weltbild zu schaffen. Das Kind sucht nach Ordnungen und Grenzen. Anfangs nimmt es seine Mutter im Geiste z. B. zu Nachbarn oder Freunden mit und läßt sie sprechen: „Meine Mutter sagt, du sollst mir ein Wurstbrot machen!" „Mein Vater will das nicht, daß du mir was tust!" sagte ein kleiner Junge zu einem großen. Die Kinder finden immer mehr heraus, was die anderen von ihnen erwarten. Auch das überprüfen sie gern, indem sie ihre Lernfortschritte als Überraschung vorführen. Sie scheinen zu sich selbst zu sagen: „Aha, so ist das hier, sie freuen sich, wenn ich mich selbst anziehen kann!" (Selbständigkeit ist wertvoll.) Das Kind entdeckt Regeln und testet sie auf ihre Festigkeit und probiert, was passiert, wenn es sie umgeht, wenn es etwas wegnimmt, schwindelt, wenn es Personen ignoriert, nicht antwortet. Überhaupt denkt das Kind über andere Menschen nach,

sucht sie zu ergründen. Ebenso macht das Kind Erfahrungen mit elternhaftem Verhalten: Es gibt dem Dackel Befehle, die dieser ignoriert oder mit einem gelangweilten Blick beantwortet. Es redet wie die Mutter mit dem schreienden Baby und gibt einem Gast beim Abschied eine Apfelsine als „Wegzehrung" mit. Es versucht, die Beziehung zu seinen Eltern zu klären. Beispiel: Die Eltern stehen nahe beieinander, und die Tochter schiebt sich zwischen sie und sagt: „Ich bin ein Keil". Der Vater antwortet: „Du bist unsere Susi und kannst hier mit uns zusammenstehen, du gehörst zu uns beiden." Peter malt ein Haus mit zwei Leuten drin: „Mami und ich!" Sein Vater fragt: „Und wo bin ich?" Er malt ein Dreieck mit einem Krickel in der Mitte: „Das bist du, du kriegst dies Zelt." Sein Vater: „Ich will aber nicht allein in einem Zelt sein." Der Kleine malt einen kleinen Punkt hinzu und sagt: „Du kannst das Baby haben, wenn es da ist!" Der Vater erklärt ihm, daß er und seine Frau als Paar zusammengehören, sie ihn beide sehr lieb haben und zusammen eine Familie sind. Wenn er groß sei, könne er auch eine Frau und Kinder haben. Komplizierter für das Kind wird es, wenn jetzt ein neues Kind hinzukommt. Hans sagt zu seiner Mutter, die bald ein Kind erwartet, mitten in der Nacht: „Mich sollst du auch behalten!" Es muß seinen Platz in der Familie neu finden und sich mit dem Rivalen auseinandersetzen. Manchmal empfindet es unvermittelt Angst und schreckt nachts auf. Seine Phantasie ist vermischt mit der Realität. Es befürchtet zuweilen, was es denkt, könnte wahr werden, oder andere könnten ihm etwas „an der Nasenspitze ansehen" oder gar etwas von der Stirn ablesen. Die Eltern haben jetzt immer noch die Aufgabe, mit allen Ich-Zuständen verfügbar zu sein, aber sie teilen in den meisten Fällen diese Aufgabe mehr und mehr mit anderen Menschen wie Kindergärtnerinnen, Gruppenleitern, Eltern der anderen Kinder und den Spielkameraden der Wohngegend. Diese Einflüsse sind erleichternd und wichtig. Die Eltern unterstützen aus ihrem Erwachsenen-

Ich heraus das Kind dabei, Realität und Phantasie zu trennen. Dazu gehört auch, andere daran zu hindern, dem Kind Unsinn zu erzählen. Wir erleben es häufig, daß Erwachsene den Kindern falsche Informationen geben: „Dir wachsen ja schon kleine Hörner, weil du so bockig bist!" Angemessen wäre es zu sagen: „Du bist jetzt ärgerlich, weil du nicht wegwillst, und du mußt trotzdem mitkommen, weil ich zum Zahnarzt muß." Sie begründen ihre Maßnahmen und prüfen, ob sie nicht willkürlich, gedankenlos etwas fordern. Die Eltern geben dem Kind Informationen über die Umwelt, um ihm die Orientierung zu ermöglichen. Wesentlich ist auch, daß die Eltern das Kind korrigieren, wenn es falsche Verknüpfungen aufnimmt oder selbst herstellt: „Leider bin ich dumm, weil ich noch so klein bin, sagen die großen Jungs." Oder: „Wenn er erstmal aus dem dummen Alter heraus ist." Solche Vorurteile finden wir erst recht bei den Vorstellungen über die Geschlechterrollen: „Männer haben keine Angst." „Heul nicht wie ein Mädchen." Hier können die Eltern dem Kind ermöglichen, zu lernen, daß alle Gefühle ihre Berechtigung haben und daß das andere Geschlecht und das eigene in Ordnung sind. Die Eltern nehmen das Kind ernst und gehen auf Kompromißvorschläge des Kindes ein, wenn es möglich ist und zeigen ihm damit auch, wie man durch Nachdenken Probleme löst. Das Kind braucht Schutz, Fürsorge und Korrekturen aus dem Eltern-Ich. Eltern setzen Grenzen aus dem kritischen Eltern-Ich, manchmal auch gegenüber anderen: „Er ist nicht dumm. Merk dir das!" Sie vermitteln dem Kind, daß es Hilfe und Begleitung der Eltern haben kann, auch wenn es schon vieles alleine machen kann. Sie schmusen und kuscheln mit ihm, wenn es dazu aufgelegt ist und wählen dafür den rechten Zeitpunkt. Das Kind lernt, daß Zärtlichkeit und liebevolle Berührung unser ganzes Leben lang, auch wenn wir groß sind, schön und wichtig sind. Sie lassen dem Kind Zeit bei der Suche nach sich selbst. Sie hänseln das Kind nicht, wenn es plötzlich wie die Nachbarstochter die Nase kräuselt und mit hoher Stimme spricht. Es probiert Rollen aus, identifiziert sich manchmal auch einen ganzen Tag mit einem Lieblingstier und wird ärgerlich, wenn man vergißt, daß es gerade ein kleines Kaninchen ist. Mit ihrem Kind-Ich können die Eltern viel Spaß mit ihren Kindern haben, sie können in seinen Rollenspielen mitwirken und selbst dem Kind Spiele vorschlagen, die sie gerne spielen. Sie können mit Humor mit dem Witz des Kindes gehen und das Geschenk, Kinder haben zu dürfen, genießen. Wenn sie Gute-Nacht-Geschichten aussuchen, können sie selbst neue Anregungen für ihr Kind-Ich entdecken und sich verzaubern lassen und in die Lieblingsmärchen ihrer Kinder oder ihrer eigenen Kindheit eintauchen.

Altersstufe 6 bis 12 Jahre
Mit dem Schulalter entfernt sich das Kind länger und häufiger von seiner Familie. Es hält sich öfter bei Freunden auf und schließt sich für viele Stunden Gruppen von Gleichaltrigen an. Es hat sich in den vorangegangenen Jahren an die Regeln und Erwartungen seiner Eltern gewöhnt und macht allein unter fremden Menschen die Erfahrung, daß diese Regeln nicht überall die gleiche Bedeutung haben wie zu Hause. Die Verhaltensanweisungen in der Schule sind bindend und es gibt mehr davon als in der Familie. Das Kind nimmt jetzt nicht mehr Vorschriften und Verbote einfach hin, es experimentiert mit ihnen und beobachtet, was passiert, wenn es sich eigene Regeln setzt, fremde ignoriert, darüber diskutiert oder sie bekämpft. Manchmal sind die Debatten fruchtbar, die Familie fühlt sich angeregt und bereichert, und oft sind die Debatten, wenn sie sich wiederholen und nicht zu Lösungen führen, auch entnervend. Die Kinder testen noch mehr als bisher andere Menschen. Sie setzen sich mit ihnen auseinander, lassen es auf Kraftproben ankommen. Die vielen in der Literatur bekannten Geschichten um Kinderstreiche sind ein Beispiel dafür. Sie verteidigen ihre von anderen abweichende Meinung und

58

ihre eigene Art, Dinge zu tun, die andere auch übernehmen sollen. Sie entdecken Liebhabereien, eignen sich selbständig Kenntnisse und Fähigkeiten an. Sie haben Spaß an vielen Aktivitäten, die sie mit Spielgefährten zusammenbringen. In anderen Familien beobachten die Kinder sehr genau, was andere tun und wertschätzen und teilen manchmal ihr Erstaunen mit, wenn sie heimkommen. Kinder machen die Erfahrung, daß innerhalb der eigenen Familie oder in fremden Familien unterschiedliche Regeln gelten können. Ein Junge kommt von seiner Schulfreundin nach Hause und erzählt: „Die Tante von Grete war verreist und hat aus dem Hotel ein Sahnekännchen geklaut. Als sie das erzählte, haben alle gelacht!" Er fragt, ob das nun Diebstahl sei oder nicht. Seine Mutter erklärt ihm, daß das Mitnehmen von solchen angeblichen „Erinnerungsstücken" Diebstahl und nicht in Ordnung sei. Die Kinder versuchen auch, mit den Gepflogenheiten anderer Familien eigene lästige Regeln zu verändern, indem sie den Eltern Vorwürfe machen, sie neue Regeln vorschlagen oder sie die Familienabsprachen bestätigen. Sie regen dadurch manchmal die Eltern an, einzelne Familiennormen neu zu überdenken und sie dem Entwicklungsstand der Familie anzupassen. Wenn die Eltern sich auf Diskussionen einlassen, können alle die Erfahrung partnerschaftlicher Problemlösung machen. „Joachims Eltern haben eine Pinwand im Flur hängen, und wenn niemand zu Hause ist, kann er einen Zettel mit einer Nachricht dranhängen, damit jeder weiß, wo er gerade ist. Könnten wir nicht auch eine solche Pinwand haben?" „Johannas Familie setzt sich regelmäßig zusammen und bespricht, was die einzelnen Familienmitglieder verändern möchten, wenn sie Probleme haben. Jeder darf Vorschläge machen und seine Meinung sagen, das hätte ich auch gern. Mir gefällt nämlich schon lange nicht mehr, daß wir uns immer streiten, wenn es um die Ämter geht." „Bei Körners reden alle durcheinander, da bin ich doch froh, daß wir abgemacht haben, daß sich niemand einmischen darf, wenn zwei sich streiten. Auch wenn es mir manchmal schwerfällt." Wenn die Eltern darauf eingehen, können die Familienmitglieder partnerschaftlich an der Veränderung und Erweiterung der Absprachen arbeiten, die ihnen das Leben angenehmer machen sollen, und den Kindern durch Begründungen einsichtig machen, an welchen Regeln festgehalten werden soll. Mit dem zunehmenden Freiraum des Kindes bekommen die Eltern mehr Zeit für sich selbst. Sie stellen ihr Erwachsenen-Ich dem Kind noch immer zur Verfügung: Als Partner ihrer Kinder in den Debatten, in denen es um Klärung von Sachverhalten geht, und sie vermitteln dem heranwachsenden Kind Methoden zum Analysieren von Regeln und ein Vorbild für kritisches Denken. Sie untersuchen selbst die bestehenden Familienvereinbarungen und prüfen, welche noch wichtig sind und welche aufgegeben und verändert werden müssen, weil sich die Familie mit dem Heranwachsen der Kinder, den wechselnden Umweltbedingungen und den sich verändernden Eltern umstellen muß. Sie helfen immer noch dem Kind, Phantasie und Wirklichkeit zu unterscheiden und lassen es wahrnehmen, wenn es unrealistische Vorstellungen hat. Sie weisen das Kind auf Zusammenhänge wie Ursache und Wirkung hin, damit das Kind erkennt, wann es Verantwortung hat. Sie billigen dem Kind seine eigene Meinung zu und erkennen an, wenn es besser informiert ist als sie oder etwas besser kann. Mit ihrem eigenen Kind-Ich brauchen sich die Eltern nicht mehr, außer in schwierigen Situationen, in das Kind einzufühlen, sie können es nach seinen Gefühlen fragen, und es kann lernen zu erbitten, was es braucht. Mit ihren Kindern zu spielen, kann auch für die Eltern ein entspannendes Vergnügen sein. Die Kinder spielen gern Gesellschaftsspiele oder im Freien und toben gerne mit Erwachsenen, wenn sie nicht gerade mit Freunden unterwegs sind. Viele Spiele können die Kinder besser als die Eltern spielen, und sie erleben sich hier als kompetent. Zu ihrem Selbstbewußtsein trägt besonders bei, wenn sie von ihren Eltern mit ihren Fähigkeiten aner-

60

kannt werden. Aus dem Eltern-Ich der Eltern und anderer Erwachsener braucht das Kind Schutz, um seinen Weg zu finden, um sich von der Familie zu entfernen, sich anderen, auch anderen Familien anzuschließen. Es braucht die Gewißheit, daß es weggehen kann und gern gesehen ist, wenn es wiederkommt. Die Eltern nehmen sich zurück, um dem Kind zu ermöglichen, seine Angelegenheiten selbst zu regeln wie rechtzeitiges Aufstehen, Erledigung der Schulaufgaben, einen Anruf beim Freund, dessen Mutter es zur Schule mitnehmen soll. Je mehr die Erwachsenen die Kontrolle zurücknehmen, desto mehr kann sich das Kind selbst kontrollieren und Verantwortung übernehmen. Der Ablösungsprozeß der Kinder wird dadurch gefördert, und die Eltern lassen Schritt für Schritt los. Liebevolle Zuwendung ist natürlich auch jetzt wichtig, auch Körperkontakt. Gut ist es, wenn die Eltern darauf achten, was den Kindern angenehm ist und was sie nicht so gerne mögen und vor allem was sie mögen. Sie können, statt die Kinder zu kritisieren, die Kinder selbst beurteilen lassen, ob ihr Handeln in Ordnung ist oder nicht: „Stell dir vor, du wärest Hans und wirst von Martin angelogen, weil er dich nicht mithaben will, wie fühlst du dich?

Altersstufe 13 bis 19 Jahre
Die Jugendlichen besitzen in diesem Lebensabschnitt die Fähigkeit, alle Ich-Zustände mit Energie zu besetzen: Sie verfeinern ihr Denkvermögen und analysieren Sachverhalte gründlich. Sie beziehen kritische Positionen, handeln für sich und andere fürsorglich, hinterfragen Wertvorstellungen und entwickeln eigene. Sie spüren sexuelle Bedürfnisse und streben danach, diese auch zu befriedigen. Dieses Potential wird von ihnen jedoch nicht beständig genutzt, denn gleichzeitig durchleben sie eine Entwicklung, die sie wie eine Krise erschüttert: Ihre körperlichen Veränderungen vollziehen sich in großer Geschwindigkeit. Ihre äußere Erscheinung verändert sich manchmal in kurzer Zeit durch die ver-

änderte Ausschüttung von Hormonen. Viele Jugendliche fühlen sich schlapp und schläfrig. Sie entwickeln manchmal einen Riesenhunger oder fangen an, exzessiv zu naschen. Auf der psychischen Ebene sind sie oft unsicher und leiden unter Stimmungsschwankungen. Sie wissen nicht, wer sie sind und was sie wollen. Die Sexualität nimmt sie sehr in Anspruch, sie sehen andere vordergründig unter diesem Gesichtspunkt. Sie versinken in Tagträume, als Fluchtmöglichkeit, zur Entlastung, zur Vorwegnahme von Erfahrungen in der Liebe, die sie noch nicht gemacht haben, oder um sich die Zukunft vorzustellen. Sie suchen in Freundesgruppen Aufklärung über Erfahrungen mit Sexualität und auch Bestätigung und Unterstützung für ihre ersten „Experimente" auf diesem Gebiet. Die Jugendlichen müssen, um einen eigenen Standpunkt einnehmen zu können, eigene Wertvorstellungen entwickeln, erproben und dann für sich durchsetzen. Das tun sie häufig rebellisch wie Kleinkinder, indem sie sich weigern, den Forderungen anderer nachzukommen und mit anderem negativistischem Verhalten wie Nörgeln und Wutausbrüchen. Sie schießen oft übers Ziel hinaus und vertreten ihren Standpunkt ohne jede Kompromißbereitschaft. Das ist auch in Familien so, in denen viel verhandelt wird. Die Jugendlichen brauchen dieses Verhalten offenbar, um sich abzugrenzen und den Absprung in die Unabhängigkeit zu schaffen. Diese Querelen machen es allen Beteiligten leichter, an Trennung zu denken. Die gelegentlichen Bekundungen: „Ich zieh' aus!" oder „Zieh doch bloß aus!" sind unserer Meinung nach realistische Vorbereitungen auf die Trennung. In ihrer Selbsteinschätzung schwanken die Heranwachsenden zwischen Selbstüberschätzung und Selbstzweifel oder Verlegenheit. Sie testen ihre Mitmenschen sehr genau und empfindlich. Sie wollen ernst genommen werden. Sie überprüfen ihr Eltern-Ich und trennen sich von Urteilen und Vorurteilen ihrer Eltern. Ob es ihnen dauerhaft gelingt, hängt auch mit ihrer Willensstärke, den Einflüssen anderer Menschen und der Wirksam-

62

keit ihrer neuen Werte und Regeln zusammen. Sie engagieren sich in unterschiedlichen Aktivitäten und wechseln diese zur Verblüffung ihrer Mitmenschen unversehens. So wurde ein Siebzehnjähriger nach einer langen Phase intensiver Beschäftigung mit dem Computer in seiner einsamen Dachstube, zurückgezogen von seiner Familie, zum geselligen Partyveranstalter und bald danach zum Fußballfan. Eine Sechzehnjährige, die nach ihrem Schulabschluß jeden Tag eifrig kochte und Rezepte ausprobierte, schmiß buchstäblich das (Küchen-) Handtuch: „Meine Familie verschlingt mich, wenn ich nicht aufpasse!" Danach tauchte sie in einen neuen Freundeskreis ein und kam abends spät nach Hause, ohne die besorgten Eltern zu benachrichtigen. Ein Dreizehnjähriger, der ursprünglich zugewandt und lebhaft am sozialen Leben teilnahm, fing plötzlich an, sich zurückzuziehen. Er las viele Stunden und verschlief gelegentlich ganze Nachmittage. Dann plötzlich änderte er sein Verhalten radikal, hielt sich nur kurze Zeit am Tag in der Familie auf und war meistens mit seinen Freunden zusammen. Seine Eltern, die zunächst überrascht waren, ließen ihn gewähren. Sie achteten jedoch darauf, daß er auch in den Zeiten des Rückzugs seine Verpflichtungen in der Familie wahrnahm und auch in der Zeit seiner häufigen Abwesenheit sich an Regeln hielt wie Verabredungen über Nachhausekommen. Diese Zeit ist gekennzeichnet durch viele Widersprüche, die Ängste und Aggressionen hervorrufen. Das Bedürfnis der Heranwachsenden nach Zuwendung und nach Zärtlichkeiten, die sie bekommen, können sie manchmal schwer von sexuellen Gefühlen trennen. Sie lehnen sich an ihre Partner an, weil sie Schutz und Liebe suchen. Die Stimmungsschwankungen der Jugendlichen führen dazu, daß sie einerseits mehr Unabhängigkeit und Selbständigkeit, andererseits aber auch Betreuung und Versorgung fordern. So haben viele Jugendliche Schwierigkeiten, Zeitpläne einzuhalten und provozieren damit die Erwachsenen in ihrer Umgebung entweder zu Hilfeleistungen, Lamentieren oder strengen Sanktionen. Die Hauptaufgabe der Eltern in diesem Lebensabschnitt besteht darin, die Jugendlichen darin zu unterstützen, ihre eigenen Fähigkeiten zu nutzen und nicht mehr die Ich-Zustände „auszuleihen" wie in den vorangegangenen Entwicklungsphasen. Das bedeutet, sie anzuleiten, Verantwortung für ihr Tun und Lassen zu übernehmen: – „Wenn du dir ein Mofa kaufen willst, ist es notwendig, daß du ausrechnest, wieviel dies einmalig und laufend kostet. Wovon willst du das bezahlen?" – „Ich schreibe dir keine Entschuldigung für dein Zuspätkommen, auch wenn du dann zur Frühstunde mußt." – „Du kannst deinen Termin beim Augenarzt selbst vereinbaren, wenn du eine neue Brille brauchst." Viele Jugendliche unterschätzen Gefahren, denen sie sich aussetzen und verstehen Hinweise auf solche Gefahren eher als Einschränkungen. Eltern sollten sich sehr genau überprüfen, was sie selbst als Gefahr ansehen. Gerade im Umgang mit Sexualität ist dies oft sehr schwierig für Eltern auf Grund ihrer eigenen Erfahrungen. Wenn Eltern sich sicher fühlen, sollten sie ihren Kindern Gespräche über Sex anbieten, ohne die Jugendlichen zu drängen. Die Privatsphäre der Heranwachsenden ist von den Eltern zu achten, wie sie ihre auch geachtet wissen wollen. Wie für das eigene Zimmer gilt dies auch für das Gespräch. Es geht dabei mehr um eine liebevolle Haltung wie „du kannst mit deinen Fragen und Unsicherheiten zu uns kommen" als um eine aufgedrängte detaillierte und sachlich richtige Aufklärung. Eltern, die unsicher sind in Bezug auf das Gespräch über Sexualität, können sich Hilfe holen bei Beratungsstellen oder auch durch Literatur. Mit dem Eingeständnis auch von Unsicherheiten und Kenntnislücken sind Eltern ein wichtiges Vorbild für realistische Erwachsene. Jugendliche brauchen ihre eigene Zeit für den Übergang in das Erwachsenen-Dasein. Manche Eltern machen ihren Kindern das Leben in ihrer Familie so bequem, daß die „Kinder" nicht ausziehen und sich auf eigene Füße stellen. Andere Eltern erleben das Zusammensein mit ihren herangewachsenen Kindern als so schwierig oder sie fürchten sich so sehr vor dem Trennungsschmerz, daß sie ihre Kinder vorzeitig aus dem Haus treiben. In beiden Fällen ist die seelische Lösung für den jungen Menschen dadurch erschwert: Zur Selbständigkeit gehört auch die eigene selbständige Entscheidung, das Elternhaus zu verlassen. Jugendlichen, denen dieser Schritt erspart oder abgenommen wird, haben als Erwachsene häufig ein Gefühl mangelnder Selbständigkeit. „Meine Eltern sind für mich geschrumpft." Diese Bemerkung eines jungen Menschen beschreibt anschaulich den Prozeß, der sich zwischen Eltern und ihren heranwachsenden Kindern während der Pubertät abspielen sollte. Am Ende können sich in etwa gleich große Menschen gegenüberstehen und in die Augen sehen. Sie erkennen ihre Verschiedenheit zu denken und zu fühlen und entdecken vielleicht auch einige Ähnlichkeiten. Sie sind einander vielleicht liebevoll verbunden, aber keiner braucht die Ich-Zustände des anderen zum Überleben. Der Prozeß dorthin ist aufregend, schmerzlich, wie auch voller Stolz und Freude, wechselvoll für beide – Eltern und Kinder. Wenn er erfolgreich ist, sind auch die Eltern ein Stück gewachsen.

Wir haben hier jetzt die Bedingungen von Eltern-Kind-Beziehungen vorgestellt, wie sie im Idealfall in gut funktionierenden Familien annähernd möglich sind. Die besonderen Schwierigkeiten und den Umgang damit stellen wir in den nächsten beiden Kapiteln dar.

Übungen, mit denen wir den Persönlichkeitsanteilen auf die Spur kommen

Um sich das Konzept der Ich-Zustände anzueignen, muß man einige Übungen zur Selbsterfahrung machen. Wir machen hier einige Vorschläge, aus denen Sie sich geeignete aussuchen können, wenn Sie Lust haben, mit den Ich-Zuständen umgehen zu lernen:

65

- Machen Sie eine Liste für jeden Ich-Zustand: Welche Worte sind typisch? Welche Haltung, Gestik Mimik kennzeichnen diesen Ich-Zustand? Wie sind Stimme und Tonfall hierzu?
- Wenn Ihnen dabei etwas unklar ist, können Sie die einzelnen Ich-Zustände spielen (auch ganz allein für sich) und dann die Liste besser erstellen.
- Lesen Sie, wodurch sich der Kind-Ich-Zustand auszeichnet und suchen Sie in Ihrem täglichen Erleben das Kind-Ich in sich: Merken Sie, wenn Sie sich ärgern, wie die Wut in Ihnen aufsteigt? (freies Kind-Ich) Merken Sie, wie Sie einen Lachreiz fühlen (wo Sie vielleicht nicht lachen dürfen?) (freies Kind-Ich) Bekommen Sie ein schlechtes Gewissen, weil Sie nicht geschafft haben, was Sie sich vorgenommen haben? (angepaßtes Kind-Ich) Spüren Sie Trotz, wenn Ihnen jemand etwas abverlangt, das Sie nicht wollen? (rebellisches Kind)
- Machen Sie entsprechende Selbstbeobachtungsübungen auch für die übrigen Ich-Zustände.
- Üben können Sie auch, wenn Sie gemeinsam mit der Familie und Freunden einen Fernsehfilm ansehen und dabei jeweils auf einen Ich-Zustand achten, z. B. den kritischen oder fürsorglichen Eltern-Ich-Zustand bei einer der Hauptpersonen.
- Interessieren Sie Ihre/n Partner/in und Freunde für das Konzept und beobachten mit Ihnen an Gestik, Mimik und Tonfall, wenn jemand, auch Sie selbst, z. B. aus dem kritischen Eltern-Ich oder dem fürsorglichen Eltern-Ich handelt.
- Aus Ihrer inneren Reaktion können Sie manchmal auf den Ich-Zustand anderer schließen. Wenn Sie im Gespräch aus dem kritischen-Eltern-Ich eines anderen angesprochen werden, könnten Sie in das angepaßte Kind gehen, sich verteidigen, sich zurückziehen und schuldig fühlen, verstummen. Oder sie reagieren mit dem rebellischen Kind und fühlen sich bevormundet und aufgerufen zu protestieren.
- Setzen Sie sich vor einen Spiegel und spielen Sie die Ich-Zustände, indem Sie sich dabei beobachten. In welchem Ich-Zustand fühlen Sie sich „zu Hause", in welchem nicht angenehm oder fremd?
- Sie können auch mit Freunden Rollenspiele machen, in dem Sie die verschiedenen Ich-Zustände durch Lose untereinan-

der verteilen und dann eine kleine Szene spielen, in der über ein gemeinsam verabredetes Thema diskutiert wird. Dabei ist die Aufgabe, die Ich-Zustände der Teilnehmer zu identifizieren. Manchmal ist es nötig, sich wieder die Beschreibung der Ich-Zustände anzusehen, wenn Sie üben. Als Themen eignen sich besonders (wenn ihnen nicht gerade selbst welche einfallen):

- eine Gruppe, die eine Reise plant,
- eine Familie, die für Anschaffungen Entscheidungen sucht,
- eine Lehrergruppe, die über einen schwierigen Schüler berät,
- Nachbarn, die ein gemeinsames Fest planen.

— Sie können zu dritt üben. Zwei von Ihnen reden miteinander (schön langsam), der/die Dritte beobachtet die Ich-Zustände, kann auch stoppen und Unsicherheit bei der Identifizierung ansprechen.

Wie wir Probleme nicht lösen (Passivität)

Was passiert, wenn wir unsere Persönlichkeitsanteile nicht alle beisammen haben?

Jeder von uns steht jeden Tag verschiedenen Problemen gegenüber, die er lösen muß. Es können ganz banale Probleme sein wie z. B. „Was kaufe ich heute ein?" oder schwerwiegende Entscheidungsfragen, die unsere gesamte Lebenssituation beeinflussen. Das Lösen von Problemen gelingt uns häufig gut und zu unserer Zufriedenheit. Doch für manche gibt es Schwierigkeiten, die immer wieder auftauchen. Mancher hat auch das Gefühl, er trifft immer die verkehrte Entscheidung oder fühlt sich völlig unfähig. Es gibt Ehepaare oder Familien, in denen ganz kleine, unscheinbare, harmlose Probleme wie „Wer wäscht das Geschirr ab?" in einem riesigen Tumult und einer schweren Krise enden. Wenn man die Transaktionsanalyse zu Hilfe nimmt, kann man erkennen, daß es verschiedene Verhaltensmuster in Bezug auf das Lösen von Problemen gibt, die unterschiedlich wirkungsvoll sind. Um ein Problem zu lösen, ist es vor allem wichtig, alle Ich-Zustände sinnvoll zu nutzen. Im folgenden wollen wir anhand eines Beispiels zeigen, welche Möglichkeiten es gibt, mit einem Problem umzugehen und es dabei scheinbar oder tatsächlich zu lösen.

Beispiel: Herr X steigt morgens in sein Auto, um zu seinem Arbeitsplatz zu fahren. Er ist mit Arbeitskollegen zu einer Besprechung verabredet und hat dafür wichtige Unterlagen bei sich. Nun bemerkt er, daß das Auto nicht anfährt. Er stellt fest, daß der Tank voll ist, und er weiß, daß

68

die Batterie neu ist. Mehr versteht er von Autos nicht; so beschließt er, nicht weiter nach der Ursache des Fehlers zu suchen, sondern überlegt, wie er ohne eigenes Auto pünktlich an seinen Arbeitsplatz kommt. Er sieht auf die Uhr und stellt fest, daß er mit dem Bus fahren kann. Vorher versucht er noch, seinen Nachbarn zu fragen, ob er ihm sein Auto leiht. Er erreicht ihn jedoch nicht und geht deshalb zum Bus. Er kommt mit geringer Verspätung an seinem Arbeitsplatz an. Die Besprechung kann wie verabredet stattfinden. Das Problem ist also gelöst.

Wie hat Herr X nun seine Ich-Zustände benutzt?: Erwachsenen-Ich: Herr X stellt fest: Das Auto fährt nicht. Kind-Ich: Wie soll ich jetzt bloß pünktlich sein? (ist erschreckt und ängstlich) Und gerade jetzt ist das Auto kaputt, es ist doch so ein ungemütliches Wetter! (wütend) Was soll ich bloß machen? Eltern-Ich: Du mußt pünktlich sein. Du hast eine Verabredung! Reg dich nicht auf! Du wirst das schon hinkriegen! Denk mal nach, wie du es schaffen kannst. Erwachsenen-Ich: Überlegt: Kann ich selbst den Fehler beheben? Prüft Tank und Batterie, das einzige, wovon er etwas versteht. Stellt fest: Beides ist in Ordnung. Ich kann das Auto nicht selbst reparieren. Deshalb gibt es andere Möglichkeiten: – Bus fahren, – Nachbarn fragen, – Hilfsdienst anrufen, – zur Tankstelle gehen, überprüft die Uhrzeit und stellt fest, daß er mit dem Bus pünktlich sein kann. Kind-Ich: Ich hab keine Lust, mit dem Bus zu fahren. Erwachsenen-Ich: Fragt den Nachbarn, hat aber keinen Erfolg. Kind-Ich: Ist enttäuscht! Eltern-Ich: Das Busfahren hat doch auch Vorteile. Ruh dich aus! Kind-Ich: Oh ja, ich les' Zeitung.

Herrn X ist es also gelungen, seinen Arbeitstag trotz der unangenehmen Überraschung am Morgen wie geplant zu beginnen. Er hat sein Problem mit wenig Zeitaufwand gelöst. Alle Ich-Zustände waren daran beteiligt, und seine Leistung besteht darin, daß sein Erwachsenen-Ich, also seine Denkfähigkeit, die Oberhand behielt. Sein gut brauchbares Eltern-Ich hat ihn darin bestärkt zu denken und ihn zuversichtlich gestimmt. Sein Kind-Ich (seine Bedürfnisse, Gefühle) haben die Art der Problemlösung mit beeinflußt. Dies Beispiel zeigt in vereinfachter Form das Zusammenspiel der Ich-Zustände. Da es zielgerichtet ist und funktioniert, führt es zu einem guten Ergebnis. An allen echten Problemlösungen sind alle Ich-Zustände beteiligt. Allen Beteiligten geht es hinterher gut, und sie fühlen sich fähig. Es gibt jedoch Reaktionsmuster beim Umgang mit Problemen, an denen nicht alle Ich-Zustände beteiligt sind. Die „Lösungen" sind nur eingeschränkt oder überhaupt nicht nützlich. Die beteiligten Personen fühlen sich schlecht und oft unfähig. In der Transaktionsanalyse werden diese Problemlösungsmuster als passives Verhalten bezeichnet. Damit ist gemeint, daß jemand nicht wirklich aktiv wird in Bezug auf die Lösung seines Problems. So entfalten viele Menschen Aktivitäten, die nichts mit einer Lösung zu tun haben. Sie sind dann scheinbar aktiv, aber sie verändern ihre Schwierigkeiten nicht. Auch diejenigen sind passiv, die zwar ein Problem erkennen, aber sein Ausmaß verkleinern: „Das ist doch nur halb so schlimm." Wer die Bedeutung eines Problems nicht richtig einschätzt, kann es auch nicht angemessen lösen. Andere wiederum mißachten die Hinweise auf ihre Probleme und Schwierigkeiten. Probleme, die man nicht sieht, kann man auch nicht lösen. Und schließlich gibt es noch diejenigen, die hauptsächlich über die anderen an der Situation beteiligten Personen nachdenken oder die nur ihr Gefühl ausleben. Auch sie verhalten sich passiv im Hinblick auf ihr Problem. Wir alle verhalten uns gelegentlich auf die eine oder andere Art passiv. Das tun wir jedoch nicht bewußt oder absichtlich. Mit der Transaktionsanalyse können wir vier verschiedene Formen passiven Verhaltens unterscheiden. An unserem Beispiel wollen wir zeigen, wie dieser Morgen für Herrn X sein könnte, wenn er seine Fähigkeiten (seine Ich-Zustände) nicht sinnvoll gebraucht.

70

1. *Ich kann nichts tun! Erwachsenen-Ich: Bemerkt, daß das Auto nicht fährt. Kind-Ich: Erschrickt: Ach du liebe Zeit! Ich kann nicht weg. Eltern-Ich: Du bist immer ein Pechvogel, das ist eben so. Da kann man nichts machen. Kind-Ich: Jetzt ist es wieder passiert. Da kann man nichts machen. Bleibt im Auto sitzen. Fühlt sich schlecht, geht zurück ins Haus. Läßt seine Frau am Arbeitsplatz anrufen und sich krank melden. Seine Kollegen müssen ohne ihn zurechtkommen. In diesem Falle benutzt Herr X hauptsächlich sein Kind-Ich. Er fühlt sich unfähig und jammert. Mit seinem Erwachsenen-Ich registriert er gerade eben noch, daß das Auto nicht fährt. Ansonsten benutzt er seine Denkfähigkeit überhaupt nicht. Sein Eltern-Ich unterstützt ihn in keiner Weise. Es bestärkt ihn darin, sich unfähig zu fühlen. Auf diese Weise kann Herr X wirklich nichts tun. Andere werden so dazu herausgefordert und gezwungen, für ihn zu denken und zu handeln (seine Frau, seine Kollegen). Herr X wird also mit einem Problem konfrontiert und tut nichts, um es zu lösen.*

2. *„Was kann ich für die anderen tun?" Erwachsenen-Ich: Bemerkt, daß das Auto nicht fährt. Kind-Ich: Ach du liebe Zeit, was sollen die anderen bloß ohne mich machen? Fühlt sich aufgeregt.*

Eltern-Ich: Du mußt zuallererst dafür sorgen, daß die Kollegen benachrichtigt werden. Erwachsenen-Ich: Er ruft am Arbeitsplatz an. Er erreicht dort niemanden, weil es noch zu früh ist. Auch bei den Kollegen zu Hause ist niemand, weil diese schon unterwegs sind. Er entscheidet sich, mit dem Bus zu fahren. Kind-Ich: Im Bus ist er unzufrieden mit sich. Er kommt eine dreiviertel Stunde zu spät, weil er so viel Zeit mit dem erfolglosen Telefonieren verbracht hat. Herr X hat alle seine Ich-Zustände benutzt. Allerdings hat ihn sein Eltern-Ich leider in die Irre geführt. Anstatt darüber nachzudenken, wie er selbst pünktlich sein kann, hat er mehr darüber nachgedacht, was mit seinen Kollegen ist. Das Eltern-Ich hat ihn sozusagen auf die falsche Fährte gelockt. Er hat seine Energie, sein Denken für ein nebensächliches Ziel verschwendet. Am Ende ist er selbst unzufrieden, und seine Kollegen sind ärgerlich, weil sie warten mußten (oder alle mußten schneller arbeiten, weil er nicht rechtzeitig da war). Herr X hat sein Problem nicht angemessen gelöst.

3. „Hauptsache ich tue irgend etwas!" Erwachsenen-Ich: Stellt fest, daß das Auto nicht fährt. Kind-Ich: Ist erschreckt. Eltern-Ich: Tu irgend etwas. Kind-Ich: Ist aufgeregt. Springt aus dem Auto. Rennt ins Haus zurück. Raucht eine Zigarette nach der anderen. Läuft wieder zum Auto. Reißt die Motorhaube auf. Greift wahllos in den Motor. Seine Hände und Kleidung werden ölverschmiert. Rennt wieder ins Haus und fängt an, sich sauber zu machen. Raucht wieder. Zieht sich um. Seine Frau muß erraten, was los ist. Sie schlägt ihm vor, mit dem Bus zu fahren. Vorher sucht sie ihm noch passende Kleidungsstücke heraus. Durch seine „Aktivitäten" hat Herr X etliche Busse verpaßt. Er kommt eineinhalb Stunden zu spät. Herr X war fast ausschließlich in seinem Kind-Ich. Sein Eltern-Ich gab ihm lediglich den Rat, „irgend etwas" zu tun. Er strengte sich „ohne nachzudenken" an und reihte eine sinnlose Handlung an die andere. Er tat nicht wirklich etwas, um ein Problem zu lösen. Seine Frau übernahm für ihn das Denken und auch die Eltern-Ich-Funktion, indem sie ihm half. Durch sein Verhalten forderte er diese Hilfe heraus. Am Ende fühlte er sich erschöpft und unfähig. Seine Kollegen werden ihn vermutlich kritisieren. Er ist zwar am Arbeitsplatz angekommen, aber viel zu spät. Sein Problem hat er nicht gelöst.

4. „Ich platze gleich vor Wut!" Erwachsenen-Ich: Stellt fest, daß das Auto nicht fährt. Kind-Ich: Bekommt einen Wutanfall, als sein Auto nicht anfährt. Er springt aus dem Auto und knallt die Autotür zu und klemmt sich dabei die Hand so schlimm, daß er sie nicht mehr benutzen kann. Er muß sich vom Arzt behandeln lassen. Anschließend bleibt

72

er zu Hause, weil er krank geschrieben ist. Herr X ist nur im Kind-Ich. Er benutzt seine Denkfähigkeit in keiner Weise, und auch sein Eltern-Ich wird nicht aktiv. So unternimmt Herr X überhaupt nichts, um sein Problem zu lösen. Er lebt sein Gefühl (die Wut) aus und ist so unkontrolliert, daß er sich selbst verletzt. Dadurch, daß er sein Erwachsenen-Ich und Eltern-Ich nicht benutzt, ist er völlig ungeschützt und kann sich nicht zielgerichtet verhalten, um pünktlich zur Arbeit zu kommen. An dem Beispiel von Herr X können wir also sehen, daß, sobald ein Ich-Zustand oder sogar zwei nicht benutzt werden, das Problem nicht angemessen gelöst wird. Herr X macht im Gegenteil sich selbst, aber auch anderen das Leben schwer.

Passives Verhalten gegenüber Problemen ist sehr verbreitet und alltäglich. Es ist zugleich eine große Energieverschwendung. Passives Verhalten strengt an und führt zu negativen Gefühlen. Trotzdem kennen die meisten von uns Situationen, in denen wir kopflos, verwirrt, wie gelähmt, erstarrt und angestrengt sind. Häufig haben wir einfach nur das Gefühl, nicht so recht voranzukommen, so als wenn Sand im Getriebe wäre. Wenn jemand sich passiv verhält, übersieht er die Möglichkeit, einen anderen Ich-Zustand zu benutzen. Er tut so, als ob er diese Möglichkeit nicht hätte. Auf diese Weise fordert er andere Menschen heraus, oder er zwingt sie gar dazu, die Funktion seiner ,vergessenen' Ich-Zustände zu übernehmen. Indem seine ,Helfer' ihn ergänzen, bestärken sie ihn darin, nicht alle Ich-Zustände zur Lösung seiner Probleme zu benutzen. Sie werten damit seine eigenen Fähigkeiten ab. Sie leihen diesen Menschen ihre Ich-Zustände, wie eine Mutter dies in der Symbiose mit ihrem kleinen Kind tut. Sie denken und sorgen ungefragt für ihn, obwohl er erwachsen ist. Dabei vernachlässigen sie oft ihre eigenen Bedürfnisse und Wünsche. Sie sind somit auch passiv, da sie ihr eigenes Kind-Ich vernachlässigen.

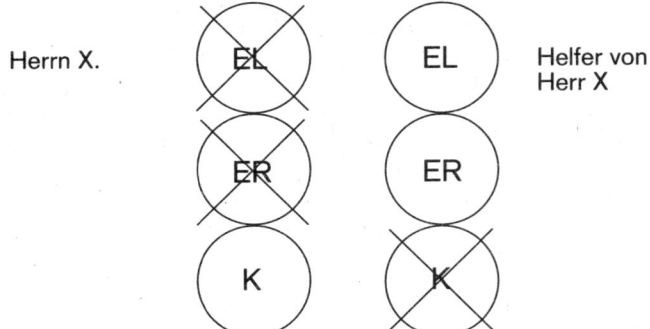

Herrn X.   EL   EL   Helfer von Herr X

ER   ER

K   K

Herr X hat kurzfristig vermutlich das Gefühl: Wie schön, dann brauche ich mich selbst nicht darum zu kümmern. Darüber brauche ich nicht nachzudenken. Es sorgt schon jemand für mich. Gleichzeitig wertet er aber sich und seine Fähigkeiten auch ab: Ich alleine schaffe das nicht. Ich kann nicht denken. Wer häufig auf diese Weise reagiert, behindert sich selbst darin, neue Erfahrungen zu machen und sein Leben durch neue Problemlösungen zu gestalten. Er schränkt sich in seinen Wachstumsmöglichkeiten ein. Seine Helfer fühlen sich dagegen eher fähig. Sie denken vielleicht: Der arme X. Er braucht mich. Ich muß ihm erst einmal wieder unter die Arme greifen. Er ist aber auch zu unüberlegt. Oder auch: Also nein, dieser X! Es ist doch immer dasselbe mit ihm. Ich bereite mich so schön vor, und er verdirbt alles. Wenn ich den zu fassen bekomme, na warte ... Wer häufig anderen aus einer schwierigen Situation heraushilft oder auch oft von anderen im Stich gelassen wird, über die er sich dann ärgert, ist zwar mit sich selbst zufrieden, aber er wertet die anderen ab. Solche Menschen leisten oft viel für andere. Nach einiger Zeit jedoch sind sie vollkommen erschöpft und werden krank oder depressiv. Auf diese Weise meldet sich dann ihr inneres Kind, das sie bei der Arbeit für andere völlig vernachlässigt haben. Ihre eigenen Bedürfnisse nach Zuwendung, Schutz und Für-

74

sorge haben sie nämlich bis dahin ignoriert oder abgewertet. Wer sich passiv verhält, wertet also entweder seine Gefühle, sein Denken, seine Handlungsfähigkeit oder die Fähigkeiten anderer ab. Oft ist die Abwertung zwar spürbar, aber nicht besonders auffällig. Überall ist sie versteckt. Jemandem nicht zuhören oder nicht antworten gehört ebenso dazu wie auf eine Frage nicht direkt zu antworten, ständig etwas zu vergessen oder zu spät zu kommen. Immer wieder Verabredungen platzen zu lassen, immer wieder etwas kaputtzumachen oder sich selbst zu verletzen (Finger klemmen, sich schneiden oder verbrennen, stolpern ...) sind ebenfalls Hinweise darauf, daß wir zeitweise nicht unser gesamtes Potential nutzen und uns selbst und anderen schaden oder ihnen zumindest hinderlich sind. Dies alles sind nun glücklicherweise Verhaltensweisen, die keineswegs untrennbar mit einer Person verbunden sein müssen. Wenn wir bei uns selbst solche immer wieder auftretenden Verhaltensmuster beobachten, können wir uns entscheiden, etwas anderes zu tun wie: Ich benutze mein Erwachsenen-Ich selbst und besorge mir eine Kette für meine Brille, so daß ich sie nicht ständig suchen muß; im Gespräch achte ich darauf, daß ich nicht für andere antworte. Wenn ich jemandem helfen will, frage ich ihn zunächst, ob er die Hilfe haben will, und was er im einzelnen braucht. Oft trifft es den Sachverhalt genauer, wenn ich die Formulierung ‚ich kann nicht‘ durch ‚ich will nicht‘ ersetze. Es ist gut, solche Verhaltensmuster als Hinweise oder Zeichen anzusehen: Hier an dieser Stelle kann ich mein Leben verbessern, kann ich es befriedigender gestalten. Dagegen nützt es nichts zu jammern: „Ach herrje, ich bin passiv, wie schrecklich!" „Was soll ich bloß machen?" Nutzen Sie die Chance, genießen Sie die Möglichkeit, etwas Neues für sich herauszufinden und zu entdecken. Das bedeutet allerdings nicht, daß Veränderungen so leicht vollzogen sind, wie es sich lesen mag. Es kann sein, daß Sie feststellen: „Ich finde es sehr schön, daß mein Mann mir immer dabei hilft, meine Brille zu suchen." Vielleicht meinen Sie, daß Sie doch die ‚besseren' Antworten haben, oder Sie bemerken, daß die anderen, denen Sie bisher immer ‚geholfen' haben, nun auf einmal enttäuscht sind, wenn Sie Ihr Verhalten ändern. Es kann allerdings auch so sein, daß Sie feststellen: Die wollen meine Hilfe gar nicht wirklich. Oder: Meine Art von Hilfe ist gar nicht erwünscht. Wenn Ihnen bisher oft ‚geholfen' wurde, dann können Sie auch allerhand Überraschungen erleben. Ihr Partner oder Ihre Freunde sind vielleicht nicht gerade begeistert, Sie plötzlich so selbständig zu erleben. Sie können dann merken, wie viele ungebetene Ratschläge Sie erhalten oder wie oft Ihnen ungefragt geholfen wird: „Ich habe ... schon mal erledigt, (Du kannst das sowieso nicht!)" „Du mußt einfach dies und das machen ..." Passives Verhalten zu ändern hat auch zur Folge, daß man die Beziehungen zu anderen Menschen, die Art des Kontaktes zu ihnen, verändert. So ist es nicht leicht, jemanden, den man bisher für hilfsbedürftig und unterlegen gehalten hat, nun als gleichberechtigt und selbstverantwortlich anzusehen. Ebenso schwer kann es sein, sich nicht mehr abzuwerten gegenüber einem Menschen, den man bisher immer als überlegen empfunden hat. Wenn man ein altes und gewohntes Verhalten aufgibt, ist es wichtig, daß man auch herausfindet, was man stattdessen tun möchte. Es ist nicht möglich, es einfach ersatzlos zu streichen. Wir können aber Schritt für Schritt umlernen. Sie können neue Freundschaften finden, alte Beziehungen können auch schwieriger werden. Vielleicht erleben Sie, daß mit einem Mal neue Bewegung in Ihr Familienleben kommt und sie einfach mehr Spaß und wirkliche Gemeinschaft mit anderen haben. Viele werden sich nun fragen: „Helfen und Hilfe bekommen soll also passives Verhalten sein? Das sehe ich nicht ein!" Wir alle brauchen Hilfe und Unterstützung von anderen bei der Lösung von Problemen oder bei der Bewältigung von bestimmten Situationen im Leben. Dabei kommt es allerdings darauf an, daß sowohl der Helfende als auch der Hilfe-

Empfangende dies ohne Abwertung ihrer eigenen Bedürfnisse und Fähigkeiten tun. So brauche ich doch nicht erst krank zu werden oder vor Erschöpfung zusammenzubrechen, bevor ich meinen Partner darum bitten kann, mich doch einmal zu verwöhnen (ein schönes Essen, ein Kinobesuch, eine Massage, Ausschlafen am Samstag / am Sonntagmorgen). Ich muß auch nicht erst meine Unfähigkeit unter Beweis stellen, wenn ich mir Hilfe holen möchte. Ich kann auch sagen: „Hilfst du mir bei der Steuererklärung? So allein macht es mir keinen Spaß." Und schließlich: Ich muß nicht jeden unterstützen, der mir hilfsbedürftig erscheint oder mich um Hilfe bittet. Meine eigenen Bedürfnisse und Wünsche sind ebenfalls wichtig, und ich will sie berücksichtigen.

Beispiele aus dem Leben mit Kindern

Wir haben jetzt Beispiele gezeigt, wie man Probleme sehr wirkungsvoll und energiesparend lösen oder wie man alles mögliche unternehmen und trotzdem das Problem nur halbwegs oder gar nicht bewältigen kann, wenn man sein Denken und seine Wahrnehmung einschränkt. Noch einmal: Wir tun dies nicht bewußt, sondern haben im Laufe unseres Lebens gelernt, uns so zu verhalten. Und: Wir können dies ändern! Viele Probleme im Zusammenleben mit anderen Menschen und besonders mit Kindern lassen sich vermeiden, wenn wir lernen, alle unsere Ich-Zustände zu benutzen. Wir können dann schon Signale wahrnehmen, die ein Problem ankündigen und dementsprechend handeln. In Familien wirkt sich das Abwerten oder Mißachten meistens so aus, daß wir für Kinder mehr tun und entscheiden, als für sie nötig wäre, oder zu wenig tun und sie überfordern. Wir handeln entweder überbehütend oder vernachlässigend. Das Kind kann seine Kräfte entweder nicht voll entfalten, oder es muß seine Energie, statt sie unter Schutz zum Lernen zu verwenden, dafür einsetzen, sich selbst zu schützen und sie in Angst, Ärger und Schmerz investieren. Nachfolgend beschreiben wir angemessene Problemlösungen in der Alltagssituation, Überbetreuung und Unterversorgung von Kindern und Jugendlichen. Wir versprechen uns davon, daß Sie dadurch aufmerksam werden auf eigene Abwertungsmechanismen und für Lösungen, die zum erwünschten Ziel führen. Wir selbst entdecken jeden Tag, wie hilfreich es sein kann, auf passives Verhalten bei uns selbst und anderen zu achten und es zu ersetzen durch Aufmerksamkeit und Denken. Was ein Kind braucht oder schon leisten kann, beschreiben wir in den vorausgehenden Kapiteln.

Altersstufe 0 bis 6 Monate
Eine Mutter will mit ihrer kleinen Andrea aus dem Haus gehen und mit dem Bus eine zweistündige Fahrt zu ihrer Mutter machen. Sie hat Andrea gerade fertiggemacht und stellt fest, daß sie schon wieder volle Windeln hat. Sie ist in Eile und denkt: „Ach das stört sie nicht so, ich kann sie auch bei meiner Mutter wickeln." Unterwegs fängt die Tochter an zu wimmern und hört nicht auf, bis sie am Ziel sind. Als sie das Kind dann wickelt, stellt sie fest, daß es Durchfall und einen ganz wunden Po hat. Die Mutter ignoriert die vollen Windeln und die eventuellen Folgen für ihr Kind, sie benutzt ihr Erwachsenen-Ich und Eltern-Ich nicht, um das Kind vor den unangenehmen Folgen der vollen Windel zu schützen. Sie fühlt sich mit ihrem Kind-Ich nicht ein.

Zwei Väter versorgen morgens gemeinsam ihre Kleinen. Ein Vater wickelt seinen sechs Monate alten Sohn auf der Wickelkommode. Die beiden Männer unterhalten sich. Der Vater an der Wickelkommode geht zum Schrank, zu dem er fast hinreichen kann, weil er Salbe vergessen hat. Da fragt sein Freund: „Kannst du ihn einfach so liegen las-

78

sen und weggehen!" „Ja", sagt der andere, „er bleibt immer so liegen, er ist ganz pomadig." In dem Augenblick macht das Baby eine Drehung, und der Freund kann es gerade noch festhalten. Das Baby schreit vor Schreck, und die Väter sind auch erschrocken. Der Freund: „Mensch, eben wollte ich dir erzählen, daß mein Kinderarzt alle Eltern immer davor warnt, Kinder unbeaufsichtigt hinzulegen, weil die Verletzungen durch hinunterfallende Säuglinge recht häufig, und die Schäden, die manche Kinder davontragen, schwerwiegend sind." Der Vater mißachtet hier die Fähigkeit und Unberechenbarkeit eines so kleinen Kindes, sich plötzlich zu bewegen, er benutzt sein Erwachsenen-Ich nicht angemessen. Sein fürsorgliches Eltern-Ich setzt er zum Schutze des Kindes auch nicht ein. Das Kind erlebt, daß es nicht sicher ist, jedenfalls nicht in diesem Moment.

Frau K. hat ihr erstes Kind und fährt es im Park spazieren. Sie hat einen hochmodernen Kinderwagen mit einem hübschen Zierkissen obendrauf, das zum Kopfkissen paßt. Es ist ein warmer Maitag, und die Sonne scheint schön warm. Frau K. hat das Verdeck des Wagens hochgezogen wegen der Sonne. Zwischen Verdeck und Kissen ist nur ein kleiner Spalt, damit das Kind nicht friert, weil das Kind ja seine Wärme noch nicht regulieren kann. Zwei Damen gehen vorbei und sprechen Sie an: Falls unter dem Kissenberg ein Kind liege, dieses wahrscheinlich unter einem Hitzestau leiden und nicht genug Lichtstrahlen bekommen würde. Frau K. ärgert sich über die Einmischung und denkt: „Was geht das die an, jetzt gerade nicht!" Sie benutzt nicht ihr Erwachsenen-Ich: Wenn das Kind die Temperatur noch nicht gut regeln kann, dann ist auch ein Zuviel an Wärme nicht gut. Sie tut zuviel des Guten mit ihrem dicken Kissen und dem Verdeck. Auch dieses Baby kann sich nicht sicher fühlen. Die Mutter reagiert aus ihrem Kind-Ich mit Trotz und läßt angemessenes, fürsorgliches Eltern-Ich vermissen.

Herr J. hütet seine und die Nachbarskinder. Sein sechs Monate altes Baby liegt auf dem Fußboden und kräht vor Vergnügen. Um es her toben drei kleine Kinder. Herr J. möchte gern einen wichtigen Brief schreiben. Er überlegt, ob der Augenblick günstig ist: Die anwesenden Kinder fesseln die Aufmerksamkeit des Babys. Es guckt interessiert zu. Die größeren toben und sind ebenfalls gut versorgt. Er holt ein Laufgitter, das er nur für kurze Arbeiten zum Schutz des Kindes benutzt, gibt ihm sein Spielzeug hinein, setzt sich daneben und schreibt seinen Brief. Herr J. überprüft die Lage und sorgt aus seinem fürsorglichen Eltern-Ich und Erwachsenen-Ich für die unterschiedlichen Bedürfnisse der Kinder nach Schutz. Mit seinem Kind-Ich fühlt er sich in sie ein. So findet er einen Kompromiß, der auch seinem Vorhaben gerecht wird.

Ein junges Elternpaar mit einem vier Monate alten Sohn hat Besuch. Gerade als alle am Kaffeetisch sitzen, fällt der Mutter auf, daß der Junge sich anders verhält als sonst. Er fühlt sich in keiner Lage wohl in ihren Armen, bei seinem Vater verhält er sich ebenso, und von Zeit zu Zeit gibt er jämmerliche Laute von sich. Alle Besucher geben den Eltern Ratschläge. Eine Mutter sagt: „Das haben die manchmal, stell ihn einfach mal weg, der will Ruhe haben!" Als der Sohn lauter jammert und weint, wird die Mutter immer unruhiger. Sie würde sich gern beruhigen lassen. Sie und ihr Mann entscheiden, daß sie hier nur ein Arzt beruhigen kann. Sie überläßt die Gäste ihrem Mann und geht zur nahen Kinderärztin. Die stellt fest, daß das Kind eine beginnende Mittelohrentzündung und wahrscheinlich unangenehme Schmerzen hat. Sie gibt ihr entsprechende Verhaltensempfehlungen und ein Medikament. Die Eltern haben nicht lange gezögert, sie haben aus ihrem Erwachsenen-Ich entschieden, daß sie selbst nicht herausfinden können, was ihrem Kind fehlt, haben mit ihrem fürsorglichen Eltern-Ich festgestellt, daß das Kind wichtiger ist als Kaffeebesuch und eine schnelle und für das Kind schonende Maßnahme ergriffen. Jetzt sind alle Beteiligten entlastet.

Ein kleines Mädchen, fünf Monate alt, liegt auf seiner Decke auf dem Teppich und wirft seine Oberschenkel übereinander, um sich umzudrehen. Die Mutter sitzt vor ihr, lacht mit ihr und sagt bewundernd: „Ja, gut!! Hmm, du kannst es!" Die Mutter unterstützt das Kind aus dem fürsorglichen Eltern-Ich und mit ihrer Begeisterung.

Altersstufe 6 bis 18 Monate
Frau H. ist tagsüber allein mit ihrem fünfzehn Monate alten Sohn Martin. Er ist ein lebhafter kleiner Kerl und, seit er laufen kann, kaum zu bremsen. Er klettert auf Sessel und Sofa, guckt in alle Behälter, wirft Gegenstände hinein, kippt Blumentöpfe um und ist erstaunt und glücklich über seine Wirkung. Frau H. ist noch sehr jung und hat sich vorgestellt, daß es gemütlich und kurzweilig mit einem niedlichen Kleinkind sein würde. Nun muß sie immer nur aufpassen, daß er nicht am Fernseher dreht, von irgendwo herunterfällt, etwas vom Teewagen schmeißt und Blumen zerfetzt. Sie schreit ihn an, verhaut ihn, und als alles nichts hilft, sagt sie eines Tages: „So, nun soll er sehen, was passiert, wenn er nicht gehorcht, ich passe jetzt nicht mehr auf, daß er sich nicht verletzt, er will es ja nicht anders!" Frau H. hat kein gut informiertes Erwachsenen-Ich. Sie weiß nicht, daß Martin noch nicht so weit ist, daß er Verbote schon begreift und verinnerlicht, weil er noch kein Eltern-Ich entwickelt hat, das ihm sagt, was seine Mutter will. Sie benutzt ihr Erwachsenen-Ich nicht, um dem Kind das Leben lustvoll zu machen. Sie läßt alles so, wie es in ihrer Wohnung vor Martins Geburt war. Er darf nicht auf Entdeckungsreisen gehen, nichts ausprobieren und wird andauernd bestraft. Dazu wird er noch auf schädigende Weise verhauen für etwas, das er zur Entwicklung ebenso braucht wie Nahrung. Frau H. ist überwiegend in ihrem

81

Kind-Ich. Sie „erzieht" aus dem Kind-Ich und rächt sich an dem Kleinen, wenn er etwas kaputtmacht. Sie gibt ihm nicht den nötigen Schutz für seine Lernerfahrungen. Sie fühlt sich nicht mit ihrem Kind-Ich in ihn ein, spielt nicht mit ihm und erfindet keine Lösungen, um das Zimmer kindersicher zu machen. Martin macht die Erfahrung, daß Forschen und Neugier nicht erwünscht sind und mit Schmerzen in Verbindung gebracht werden. Frau H. empfindet die Entwicklungsschritte als gegen sich gerichtet. Leider ist dieses Beispiel keine Ausnahme!

Eine Großmutter hütet ihre Enkelin, die ein Jahr alt ist. Obwohl sie schon laufen kann, läßt sie die Kleine fast den ganzen Tag im Bett, weil sie Angst hat, daß sie sich auf dem Fußboden erkälten könnte. Sie hat außerdem Angst vor Bakterien und reibt alle Möbel im Kinderzimmer täglich mit einer Desinfektionslösung ab. Deshalb soll ihre Enkelin auch nicht gern mit dem Fußboden in Berührung kommen und auf dem Spielplatz nicht mit den schmuddeligen kleinen Raufbolden in der Sandkiste spielen. Sie paßt höllisch auf, daß ihr niemand zu nahe kommt. Nur gegen den eigenen Hund hat sie nichts, der ist genauso gepflegt wie die ganze Familie. Diese Großmutter verhindert durch Überbehütung Lernerfahrungen des Kindes, sie benutzt in übertriebener Weise schützendes Eltern-Ich, ohne daß sie ihr Erwachsenen-Ich zur Kontrolle der Realität einsetzt. Sie handelt nicht für das Enkelkind, sondern für ihr eigenes ängstliches Kind-Ich! Und es scheint so, daß sie aus einem Kind-Ich handelt, das als fürsorgliches Eltern-Ich verkleidet daherkommt.

Mara bekommt zum zweiten Geburtstag, hübsch von ihrer Oma verpackt, farbige Holzklötze zum Ineinanderstecken geschenkt. Die Mutter wickelt das Geschenk aus, zeigt es begeistert ihrer Tochter und fängt an, das Spielzeug zu untersuchen und damit zu spielen. Die Oma: „Ach, M., das kann doch Mara selbst herausfinden! Und ich hatte mich gerade so darauf gespitzt, wie sie das Paket auspackt und was sie dann damit macht." Die Oma ist nun in Fahrt gekommen und sagt ihrer Tochter gleich noch was: „Das erinnert mich an unseren Besuch bei euch vorige Woche. Da habe ich mir Gedanken darüber gemacht, ob es nicht schwierig für Mara ist, richtig sprechen zu lernen, wenn ihr hier in der Familie alle Babysprache mit ihr sprecht? „Nein, teine ßotelade mehr! Guck Wauwi!" Die Mutter antwortet: „Also, du verlangst ja viel. Die Kleine kann doch noch gar nicht mit solchen Steckbausteinen spielen, und das Paket kann sie auch nicht richtig auspacken, sie fetzt nur mit dem Papier herum!" Sie mißachtet die Fähigkeiten ihrer Tochter, z. B. ein Paket auszupacken. Sie kommt aus dem kontrollierenden Eltern-Ich, sie bestimmt, wie das Kind „richtig" ein Paket auspacken muß. Sie ist im Kind-Ich, konkurriert mit Mara und nimmt ihr die Freude am Experimentieren. Mara lernt, daß sie nichts kann und daß andere für sie denken und handeln. Sie wird durch die Babysprache künstlich klein gehalten. Ihre Mutter möchte nicht die wirkliche Mara, sondern eine niedliche, kleine, hilflose Mara.

Johannes, drei Jahre alt, ist schon den ganzen Morgen nörgelig und will nichts von all dem, was seine Tante, die ihn hütet, ihm an Unternehmungen vorschlägt. Sie will mit ihm für das Mittagessen frisches Gemüse einkaufen. Er schmeißt sich hin, will hierbleiben. Nach einer Weile gibt sie auf. „Gut, dann bleiben wir eben hier und essen Pfannkuchen, die mag er ja auch gern", denkt sie. Als sie die Pfannkuchen auf dem Tisch hat, nörgelt er: „Die ess' ich nicht." Sie bittet ihn nach allen Regeln der Kunst. Je mehr sie bittet, um so mehr weigert er sich. Sie räumt das Essen wieder ab, und er macht ein Mordsgeschrei. Jetzt will er wieder die Pfannkuchen essen, dann doch wieder nicht. Sie versucht, ein freundliches Gesicht zu machen, ist genervt und nennt ihn „Puschi". Sie denkt: „Bloß alles vermeiden, was ihn reizen könnte, sonst kriegt er einen Wutanfall, das halt' ich nicht aus! Was denken die Leute bloß, die denken doch, ich kann nicht mit Kindern umgehen. Er darf nicht merken, daß ich mich ärgere." Johannes ist nicht klar mit sich, er kann sich nicht entscheiden. Seine Tante verlangt viele Entscheidungen von ihm. Weil sie nicht zeigt, was und daß sie denkt und fühlt, trifft er nirgends auf einen klaren Standpunkt bei ihr. Sie schreibt ihm einerseits Macht zu, die er nicht hat. Andererseits mißachtet sie seine Fähigkeit, sich an ihre Entscheidungen anzupassen, wenn er so hin- und hergerissen ist. Sie benutzt ihr Erwachsenen-Ich nicht, um seine Lage zu erfassen und nicht, um ihren Standort zu finden. Sie geht nicht davon aus, daß sie hier die Erwachsene ist. Sie tut so, als ob der Wutanfall dieses kleinen Jungen für sie unerträglich wäre. Die Meinung der Leute ist wichtiger als die Lösung des Problems, wobei die Meinung der Leute ihr gar nicht bekannt sein kann. Ihre Vermutungen sind ihre eigenen Ansichten über sich selbst. Sie wertet auch die Fähigkeit von Johannes ab, ertragen zu können, wenn sie einmal ärgerlich und genervt ist und mißachtet seine Fähigkeit, das zu durchschauen. So kann er sich auch nicht durch sie orientieren, sondern wird noch unsicherer gemacht. Kinder merken sehr wohl, wenn Erwachsene ihnen ihre Gefühle verbergen. Sie sind in ihren ersten Lebensjahren darauf angewiesen, die nichtsprachlichen Signale der Menschen ihrer Umgebung zu deuten und daher aufmerksame Beobachter. Johannes' Tante ist im fürsorglichen Eltern-Ich oder im angepaßten Kind-Ich, ihr freies Kind-Ich mißachtet sie.

Anitas Eltern haben sich heftig über ihre Arbeitsteilung im Haushalt gestritten, sich danach geeinigt und wieder versöhnt. Anita mag nicht, wenn die beiden sich streiten. Sie ruft ihnen zu, daß sie aufhören sollen. Danach geht sie mit ihrer Mutter einkaufen und fängt noch einmal an, über den

84

Streit zu sprechen: „Papa darf nicht mit dir schimpfen."
Ihre Mutter widerspricht ihr. „Wir waren ärgerlich überein-
ander, und es ist richtig, sich das auch zu sagen. Wir haben
uns auch wieder vertragen, wir haben uns trotzdem sehr
lieb. Du brauchst keine Sorgen um uns zu haben, wir sind
die Eltern, und die sorgen für die Kinder. Die Kinder sind
nicht dazu da, sich um die Eltern zu sorgen." Die Mutter
macht das Kind nicht zu ihrer Vertrauten. Durch Informa-
tionen aus dem Erwachsenen-Ich zieht sie die wichtige Ge-
nerationsgrenze, deren Überschreitung für das Kind bela-
stend wäre. Es würde in eine Verkehrung der Rollen
gedrängt und müßte Energie in eine schwierige Aufgabe
stecken, die ihm zur Entfaltung seiner altersgemäßen Fä-
higkeiten fehlen würde. Sie gibt der Tochter außer den In-
formationen Schutz aus dem Erwachsenen-Ich und für-
sorglichen Eltern-Ich. Sie tröstet und beruhigt das Kind. Sie
vermittelt ihm dadurch gleichzeitig, daß Gefühle auszu-
drücken berechtigt ist, wie hier Ärger, und daß Ärger nicht
zum Abbruch von Beziehungen führt, sondern auch zur Lö-
sung von Problemen führen kann.

Altersstufe 18 bis 36 Monate
Jan hat ein Bauwerk aus allerlei Küchengerät gebaut. Er hat
Reibe, Siebe, Trichter usw. zu einem Turm aufgebaut und
zeigt es stolz seiner Mutter: „Guck mal!" Mutter: „So'n
Quatsch, du Dummer! Jetzt kann ich alles wieder abwa-
schen. Mit diesen Sachen hast du nicht zu spielen!" Die
Mutter fühlt sich nicht ein, sie benutzt nicht ihr Kind-Ich,
benutzt nicht ihr fürsorgliches Eltern-Ich und Erwachse-
nen-Ich, um die Leistung des Kindes zu würdigen. So kann
es nicht erfahren, daß es etwas schafft und daß es liebens-
wert ist. Sie begegnet ihm aus dem kritischen Eltern-Ich
und vermittelt: ,Sachen sind wichtiger als du.' Sie schreibt
ihm außerdem zu, dumm zu sein. Das ist besonders in die-
ser Zeit, da sich das Erwachsenen-Ich des Kindes zu bilden
beginnt, verhängnisvoll, falls Jan das glaubt, was sie sagt.

85

In der Kindergruppe malen die zweijährigen Kinder mit Fingerfarben. Eine Mutter setzt sich zu ihrer Tochter und malt in die Kreise ihres Kindes hinein. Die anderen Erwachsenen fordern sie auf, das zu unterlassen. Sie antwortet: „Sie kann das gar nicht allein schaffen; denn sie hat zwei linke Hände wie ihr Vater." Die Mutter benutzt nicht ihr Erwachsenen-Ich. Das Kind braucht hier gar keine Leistung im Sinne der Mutter zu erbringen; das was es will, kann es bereits. Die Mutter ist in ihrem kritischen Eltern-Ich und wertet die Fähigkeiten des Kindes zu malen grundlos ab. Außerdem schreibt sie dem Kind Eigenschaften des Vaters zu, bevor dieses sich betätigen kann. So wird das Kind beim Malen entmutigt. Die Mutter ist auch im Kind-Ich, sie konkurriert mit der Tochter.

Die Eltern bemalen mit ihren Kindern Ostereier. Die dreijährigen Zwillinge machen eifrig mit, sie haben dicke Stifte bekommen, und der Vater hat Kalkeier besorgt, die nicht kaputtgehen, wenn die Kinder sie fest anfassen. Die Eltern haben an alle Kinder gedacht, die kleinen mit altersentsprechendem Material versorgt und ihren Möglichkeiten ein Betätigungsfeld geschaffen. Diese haben das Gefühl, wichtig zu sein, mithalten zu können, dazuzugehören und sind ernstgenommen mit ihrer Aufgabe. Die Eltern haben alle drei Ich-Zustände eingesetzt.

Herr B. spielt mit mehreren Kleinkindern am Strand, und die Kleinen wollen jetzt gerne mit dem Schlauchboot von Herrn B. durch die Wellen gezogen werden. Herr B. mag das auch gern und ist einverstanden. Die Kinder stürmen zum bereitliegenden Boot. „Halt", ruft Herr B. „Nur wer eine Schwimmweste anhat, darf einsteigen!" Die Kinder haben für alle vier nur eine Weste. Sie murren, einer heult laut. Herr B. fragt: „Was machen wir denn jetzt?" „Du kannst uns festhalten!" „Nein, das nützt nichts, wenn mehrere Kinder auf einmal im Boot sind und einer ins Was-

86

ser fällt." Die Kinder laufen mit Herrn B. zur entfernt sitzenden Elterngruppe. Alle zusammen beratschlagen, wie sie das Problem lösen können. Die Kinder machen Vorschläge und bitten, daß sie doch abwechselnd bootfahren können und ein anderer Erwachsener bei ihnen am Wasser sein könnte. Eine Mutter schlägt vor, das Unternehmen bis später am Nachmittag aufzuschieben, weil sie erst noch ihre Ruhepause genießen will. Am Ende versprechen die Kinder, nahe bei den Eltern im Sand zu spielen, wenn einer nach dem anderen im Boot fährt. So machen sie das dann auch. Herr B. hat aus seinem Erwachsenen-Ich gehandelt, als er verlangte, daß die Kinder nur mit Schwimmweste bootfahren dürften, denn keines der Kinder kann schwimmen, und er kann nicht davon ausgehen, daß sie sich alle still hinsetzen und so bleiben, wenn irgendetwas sie ablenkt. Auch wenn das Wasser am Ufer nicht sehr tief ist, kann er sie nicht schützen, wenn das Boot z. B. kentert. Er geht auf die Kinder ein und sucht mit ihnen und den anderen Eltern eine Lösung, die für alle annehmbar ist. Sie setzen ihr Erwachsenen-Ich ein, ihr kritisches Eltern-Ich durch ein klares Verbot und ihr fürsorgliches Eltern-Ich für Schutz und Erlaubnis und ihr Kind-Ich, das die Bedürfnisse aller berücksichtigt. Die Kinder sind an der Problemlösung beteiligt, lernen zu insistieren und nachzudenken unter dem Schutz der Erwachsenen. Sie erleben ein Modell für Zusammenarbeit.

Mathias schreit wie am Spieß, weil das Krabbelkind ihm seinen Bauklotzturm umgeworfen hat, den er erfindungsreich und nach langen Mühen aufgebaut hatte. Die anwesenden Erwachsenen reagieren ganz unterschiedlich. Eine Freundin der Mutter sagt: „So ist das nun mal, das machen die Kleinen so, sie werfen alles um, sie wissen es noch nicht besser und haben Spaß, wenn der Turm zusammenkracht." Ein anderer sagt: „Du hast das auch so gemacht als du so klein warst, nun mußt du das auch erleben!" Die Eltern sagen: „Du hast recht, wenn du ihm sagst, daß kleine Kinder es so machen, und du hast nicht recht, wenn du meinst, daß das Schicksal ist und Mathias nichts dagegen tun kann." Der Vater fragt Mathias, was er möchte, und er sagt, daß er bauen möchte, Gerd nicht alles kaputtmachen soll, daß er bei den Eltern im Zimmer bleiben will. Sein Vater baut ihm in einer Ecke eine Sperre aus Möbeln, über die das Baby nicht wegkommt, und Mathias kann weiterspielen. Die Eltern benutzen alle drei Ich-Zustände. Mit ihrem Kind-Ich fühlen sie sich ein in Mathias und verstehen sein Bedürfnis. Sie setzen ihr Erwachsenen-Ich ein, erklären den Erwachsenen, daß sie nicht passiv zu sein brauchen und finden eine Lösung für das Problem, indem sie Mathias einbeziehen. Mit ihrem fürsorglichen Eltern-Ich bieten sie ihm Schutz und vermitteln ihm liebevoll, daß er genauso wichtig ist wie das Baby. Er muß nicht jetzt verzichten, weil er als Baby die Freiheit hatte, Bauklötze umzuwerfen. Mathias hat ein Modell zur Problemlösung und Ermutigung bekommen zu handeln, um seinen Ärger zu beheben.

Frau K. ist mit Ursula, zweieinhalb, bei ihrer Freundin, damit sie mit der zweijährigen Beate spielen kann. Beide sind Einzelkinder. Sie geraten zunächst heftig aneinander, weil sie sich gegenseitig das Spielzeug wegnehmen. Ursula kneift Beate kräftig in den Arm und läßt den Arm nicht wieder los. Frau K. nimmt sie weg und sagt: „Es ist nicht in Ordnung, Beate wehzutun, ich nehme dich jetzt jedesmal und halte dich solange fest, bis du damit aufhörst. Ich will nicht, daß du Beate wehtust!" Ursula schreit wütend und will sich losreißen. Frau K. hat das schon erwartet und hält durch. Zweimal an diesem Tag nimmt Frau K. die Tochter aus einer so schwierigen Situation heraus. Ihre Freundin ist nachdenklich geworden. Sie meint: „Das kann ich ja auch mal probieren, wenn Beate wieder ein Kind beißt, das tut sie nämlich manchmal." Frau K. handelt aus dem Eltern-Ich. Sie setzt eine klare Grenze für Ursula, sie zeigt ihr die

88

Auswirkungen ihres Handelns. Sie unterstützt sie, indem sie bei ihr bleibt und nimmt sie ernst, indem sie durchhält und sich nicht in die Kindrolle begibt und sich hilflos stellt und jammert. Sie hat ihr Erwachsenen-Ich benutzt, um zu überlegen, wie sie am besten reagieren kann. Hauen hat sie ausgeschlossen. Sie will nicht unerwünschtes Verhalten mit ebensolchem Verhalten beantworten.

Altersstufe 3 bis 6 Jahre
Michael (4) kommt laut brüllend nach Hause gerannt. Seine Handflächen sind aufgeschürft, und auch am Knie blutet er. Seine Mutter empfängt ihn an der Tür: „Aber Michael, was ist denn los?" „Ich bin hingefallen, weil ich so schnell gerannt bin. Es tut so weh!" Er weint wieder los. „Michael, du bist doch so groß. Hör mal auf zu weinen. Ich kleb ein Pflaster drauf, und dann ist der Schmerz weg." Michael hat sich wirklich weh getan. Er fühlt den Schmerz und drückt ihn auch aus. Seine Mutter geht aber nicht angemessen darauf ein („große Kinder weinen nicht"). Das Gefühl von Michael und wie er es zeigt, ist nicht erlaubt.

Katharina (5) geht mit ihrer Mutter auf den Spielplatz. Katharina trifft dort einige gleichaltrige Freunde, mit denen sie bald eifrig im Spiel versinkt. Die Mutter sitzt auf der Bank und liest. Auf einmal ertönt großes Geschrei! Die Kinder haben angefangen, sich zu streiten. Die Mutter kann aber nicht erkennen, worum es geht. Katharina kommt jammernd an: „Mama, hilf mir mal; die sind so ungerecht zu mir." Die Mutter geht mit ihr zu den Kindern. Sie schimpft mit ihnen: „Ihr dürft aber nicht so ungerecht sein!" Katharinas Mutter meint es gut mit ihrer Tochter. Leider wertet sie dabei Katharinas eigene Fähigkeit, zu denken und sich entsprechend zu verhalten, ab. Kinder in diesem Alter haben immer wieder Konflikte und sind meistens auch in der Lage, selbst etwas zu tun.

Lena (4 1/2) macht mit ihrem Vater ein Puzzle. Sie ist mit großem Eifer bei der Sache. Ihr Vater guckt eine Weile zu. Dann fängt er plötzlich an, mit großer Geschwindigkeit das Puzzle zusammenzufügen. „Du brauchst einfach zu lange. Ich glaube, du bist noch zu klein dafür." Lenas Vater hat selbst Lust, das Puzzle zu machen. Obwohl Lena selbst durchaus schon dazu in der Lage ist, das Puzzle zu machen, nimmt er ihr das Spiel weg. Auch in dieser harmlosen kleinen Spielsituation steckt eine Abwertung von Lenas Denkvermögen und ihrer Freude am Spiel.

Friederike (4) klettert auf einen sehr hohen Baum. Sie benutzt dabei dünne brüchige Äste zum Höherklettern. Als sie oben angekommen ist, ruft sie begeistert: „Guck mal, Papa, wo ich bin!" Der Vater guckt einmal kurz auf („Sie muß wissen, was sie tut.") und arbeitet dann im Garten weiter. Es gibt ein Krachen, und Friederike fällt vom Baum herunter. Friederike ist begeistert vom Bäumeklettern. Sie benutzt dabei nur ihr Kind-Ich. Ihr Eltern-Ich ist noch nicht funktionsfähig genug, um sie zu schützen. Der Vater wertet sein eigenes Eltern-Ich ab, so daß Friederike nur unzureichend geschützt ist. Gerade jetzt beginnen die Kinder durch den Aufbau der Eltern-Ich-Funktion, sich selbst zu schützen. Damit ihnen dies gut gelingt, brauchen sie als Unterstützung ein gutes Eltern-Ich der Eltern, das sie verinnerlichen können. Die Aufgabe der Eltern besteht auch hier wieder darin, herauszufinden, was für ihr Kind wichtig ist und welche Fähigkeiten es genau hat.

Paul (4) kommt laut schreiend nach Hause. Er trampelt mit den Füßen, als seine Mutter die Tür öffnet: „Hallo Paul, was ist los mit dir?" Er schreit lauter und trampelt weiter. „Bist du wütend? Erzähl mir, was passiert ist!" Er beruhigt sich etwas: „Wir haben mein Flugzeug in die Luft geworfen, Anna und ich. Und Anna schnappt es mir immer weg. Ich bin ganz wütend auf sie." „Ich kann verstehen,

90

daß du wütend bist. Du kannst sprechen und brauchst nicht zu schreien wie ein kleines Kind. Geh doch zu Anna und sag ihr, was du willst. Ihr werdet schon herausfinden, wie ihr es anders machen könnt." Paul hört auf zu schimpfen, klemmt sein Flugzeug unter den Arm und macht sich auf den Weg zu Anna. Die Mutter ist auf Pauls Wut eingegangen. Sie hat sein Erwachsenen-Ich angeregt („Erzähl mir, was passiert ist") und bestärkt ihn darin, eine eigene Lösung für seinen Konflikt zu finden. Daß ihr dies gelungen ist, kann sie an seiner Reaktion erkennen. Er geht beruhigt und in guter Stimmung zu seiner Freundin zurück.

Altersstufe 6 bis 12 Jahre
Stefanie (6 1/2) schläft nachts unruhig. Sie wacht weinend auf und läuft zu ihren Eltern. „Ich habe solche Angst. In meiner Zimmerecke sitzt ein dicker Zwerg." „Hör auf zu heulen! Ich brauche meinen Schlaf!", sagt ihr Vater. „Kann ich nicht wenigstens bei euch schlafen!", bittet Stefanie. „Nein! So ein Quatsch! Geh in dein Bett und mach das Licht wieder aus." Stefanie geht weinend ins Bett zurück. Der Vater nimmt die Angst seiner Tochter nicht ernst, für ihn ist sie Quatsch. Er ist ganz und gar in seinem Kind-Ich und denkt nur an seinen Schlaf. Er geht nicht auf ihre Angst und ihre Phantasien ein, weder tröstend und fürsorglich noch der Vernunft entsprechend. Er könnte ihr ja ins Gedächtnis rufen, daß es keine Zwerge gibt, und er könnte ihr zur Beruhigung eine kleine Lampe anmachen.

Tobias (9) geht in die dritte Klasse. Seine Mutter kontrolliert jeden Morgen seinen Schulranzen, damit er nichts vergißt. Eines Morgens ist die Mutter krank und achtet nicht auf Tobias' Schulsachen. Als sie aufsteht und in die Küche kommt, sieht sie, daß Tobias seinen Turnbeutel stehengelassen hat. Obwohl sie sich schlecht fühlt, zieht sie sich an und eilt in die Schule. Tobias kann also ungehindert am Turnunterricht teilnehmen. Die Mutter von Tobias ist sehr

91

fürsorglich. Sie denkt und handelt für ihn. Da er in diesem Alter aber schon sehr gut denken und selbst für seine Schulsachen sorgen kann, tut sie des Guten zuviel. Tobias lernt auf diese Weise nicht, seine Angelegenheiten selbst zu bedenken und bleibt von ihr abhängig. Bei ihrer Fürsorge für Tobias vernachlässigt seine Mutter ihre eigenen Bedürfnisse. Tobias ist ihr wichtiger als ihre Gesundheit.

Die Eltern von Lisa (9) haben sich getrennt. Lisas Vater lebt nun allein. Die Mutter ist mit Lisa und ihrem Bruder in eine andere Stadt gezogen. Lisa ist traurig darüber, und sie erzählt ihrer Tante von ihren Gedanken. „Mir tut Papi so leid. Er ist jetzt ganz allein, was soll er bloß machen ohne uns." Lisas Tante tröstet sie: „Ich kann verstehen, daß du traurig bist. Es kann auch sein, daß dein Vater unglücklich ist. Aber er ist erwachsen. Er kann darüber nachdenken, wie er seine Situation verändern kann, damit es ihm besser geht. Dazu braucht er die Hilfe von anderen Erwachsenen. Du als seine Tochter brauchst dir darüber keine Sorgen zu machen." Lisa ist besorgt um ihren Vater. Sie benutzt ihr Eltern-Ich, das noch unfertig ist, um ihrem Vater zu helfen. Dabei wertet sie die Fähigkeiten des Vaters ab. Die Tante hilft ihr mit ihrer Erklärung, die Fähigkeiten des Vaters und die Tatsache, daß er erwachsen ist, zu erkennen. Die Tante tut dies liebevoll und tröstend und geht damit auch auf Lisas Traurigkeit ein.

Jan (9) ist ein lebhafter Junge. Neben der Schule hat er noch viele andere Verpflichtungen. Er nimmt Klavierunterricht und spielt Fußball im Sportverein. Einmal in der Woche geht er in eine Pfadfindergruppe. Jan genießt alle diese Aktivitäten. Aber manchmal, wenn er sonntags mit seiner Mannschaft zum Spiel fährt, ist er doch auch etwas erschöpft. Eines Tages ruft der Sportlehrer der Schule an und bittet die Eltern, Jan in die Fußballmannschaft der Schule eintreten zu lassen: „Er ist sehr geschickt und wendig. Jan

92

wäre eine Bereicherung für unsere Mannschaft." Die Eltern stimmen begeistert zu. Jans Eltern sind stolz auf ihren Sohn. Deshalb vergessen sie, genau zu prüfen, ob Jan nicht vielleicht etwas anderes braucht als Anerkennung für seine guten Leistungen. Sie werten die Kind-Bedürfnisse von ihm ab. Er braucht auch Ruhe und Geborgenheit und die Gewißheit, daß er geliebt wird, weil er da ist, und nicht wegen besonderer Leistungen. Die Eltern sind für seinen Schutz da, solange er sich noch nicht selbst mit einem vollentwickelten Eltern-Ich schützen kann.

Annika (7) hat in der Schule eine neue Freundin gefunden. Die beiden sind unzertrennlich und wollen am liebsten jede freie Minute gemeinsam verbringen. Leider wohnt die Freundin nicht in der unmittelbaren Nachbarschaft. Auf dem Weg zu ihr muß man über eine Ampelkreuzung. Daher geht die Mutter die ersten Male den Weg zur Freundin mit Annika und erklärt ihr ganz genau, wie sie sich im Verkehr richtig verhält. Beim letzten Mal läßt sie sich von Annika führen. Dabei stellt sie fest, daß Annika sehr vorsichtig und sorgfältig ist. Annikas Mutter will ihre Tochter darin unterstützen, selbständig zu werden. Sie prüft dafür die Situation und gibt der Tochter den notwendigen Schutz. Damit unterstützt sie Annikas Denk- und Handlungsvermögen. Sie bringt ihr auf sichere Weise bei, sich im Verkehr angemessen zu verhalten. Gerade im Verkehr brauchen die Kinder sehr viel Schutz, da ein Fehler tödlich sein kann. Schon allein aufgrund ihrer Größe können Kinder den Verkehr nur schwer überschauen. Mit Hilfe der Eltern können sich Kinder aber allmählich einen eigenen Schutz geben, indem sie die elterlichen Unterweisungen zum Aufbau ihres Eltern-Ichs benutzen. Zuviel Schutz und ein ängstliches Fernhalten ohne Erklärungen gefährdet die Kinder mehr als ein sorgfältiges, vorsichtiges Einüben in den Umgang mit dem Verkehr.

Altersstufe 13 bis 19 Jahre

Klaus (13 1/2) will am Wochenende mit einer Jugendgruppe zu einem Turnier ins Jugendlager fahren. Seine Mutter hat schon leckeren Proviant besorgt. Sonnabendmorgen soll es losgehen. Freitag mittag bespricht die Mutter mit ihm, was er alles mitnehmen muß und fordert ihn auf, seinen Rucksack selbst zu packen. Klaus sagt: „Ja, ja" und verläßt das Haus, um Freunde zu besuchen. Als er abends nach Hause kommt, ermahnen ihn seine Eltern. Klaus beschließt aber, sich erst noch einen Krimi anzusehen. Danach geht er gleich ins Bett, weil er so müde ist. Vorher teilt er seinen Eltern mit, daß er morgens seinen Rucksack packen wird. Als er schläft, packen die Eltern ihm den Rucksack, obwohl sie selbst schon sehr müde sind. Die Eltern von Klaus wollen ihn eigentlich zur Selbständigkeit erziehen. Sie wagen aber nicht, ihn mit den Folgen seines Verhaltens zu konfrontieren. Damit werten sie seine Handlungsfähigkeit ab. Ihr eigenes inneres Kind vernachlässigen sie, denn ihr Schlaf ist ihnen nicht so wichtig wie der gepackte Rucksack von Klaus. Auf diese Weise lernt ihr Sohn, daß sie zwar Eigenverantwortlichkeit von ihm fordern, sie ihm aber nicht wirklich zutrauen.

Karin (16) ist mit der Schule fertig. Sie hat ein gut durchschnittliches Abgangszeugnis. Seit einiger Zeit macht sie sich Gedanken über ihre Berufsausbildung. Durch die Gespräche und die Beratung in der Schule ist sie darauf gekommen, daß sie gerne die Fachhochschule besuchen möchte, um Ingenieurin zu werden. Sie hat sich über den Ausbildungsgang auch schon Informationen besorgt. Als sie mit ihren Eltern ihre Überlegungen bespricht, sind diese gar nicht begeistert. „Ich hatte mir für dich eigentlich einen ganz anderen Beruf vorgestellt, vielleicht im Büro oder so", sagt die Mutter. Und der Vater: „Na, also Ingenieurin, das ist doch wohl nicht das Richtige für dich. Du hast doch gar nicht genug technisches Verständnis. Und überhaupt, ich

94

halte nicht viel von Frauen in Männerberufen." Karin ist von den Einwänden der Eltern nicht überzeugt: „Ich habe mit meiner Lehrerin gesprochen. Sie meint, daß ich dafür geeignet bin." „Keine Widerrede, Karin! Ich bin nicht damit einverstanden. Eine solche wichtige Entscheidung wie die Berufswahl kannst du in deinem Alter noch nicht treffen. Dafür hast du schließlich auch uns. Ich habe schon mit Herrn S. von der Bank gesprochen. Er hat mir die Bewerbungsfrist genannt. Morgen zeigst du mir dein Bewerbungsschreiben." Karins Eltern sind sehr fürsorglich. Sie wissen genau, was gut für ihre Tochter ist – meinen sie jedenfalls. Dabei benutzen sie ihr Erwachsenen-Ich zu wenig und übersehen völlig, daß Karin durchaus in der Lage ist, ihre Situation zu beurteilen. Sie hat gut nachgedacht, sich informiert, sich von ihrer Lehrerin beraten lassen, und sie hat Lust zu dem Beruf. Indem die Eltern diese Leistung von Karin ignorieren, werten sie ihre Denkfähigkeit ab. Ganz davon abgesehen, daß Fähigkeiten auf technischen Gebieten nichts mit dem Geschlecht zu tun haben. Sie übergehen Karins eigene Wünsche und Überlegungen zur Berufswahl und erkennen somit auch Karins Handlungsfähigkeit und ihre Gefühle nicht an. Sie tun praktisch so, als wäre Karin noch ein ganz kleines Kind. Das Verhalten der Eltern kann zu einem schweren Konflikt zwischen ihnen und Karin führen oder auch zu einem Konflikt, den Karin mit sich selbst hat.

Norbert (14) ist ein ruhiger, zurückhaltender Junge. Er hat nur wenige Freunde. Seine Freizeit verbringt er mit Gitarrespielen, Lesen und Malen. Seine Eltern fahren für vierzehn Tage in einen lange geplanten Urlaub. Norbert bleibt zu Hause, da er zur Schule gehen muß. Er hat die Aufgabe, auf die Wohnung zu achten und die Blumen zu begießen. Er bekommt Haushaltsgeld; Essen ist in der Tiefkühltruhe. Eine Tante ruft ab und zu einmal an, um zu hören, wie es ihm geht. Am dritten Tag kommt Norbert aus der Schule und fühlt sich sehr schlecht. Er geht sofort ins Bett. Am nächsten Morgen hat er hohes Fieber und beschließt, im Bett zu bleiben. Nachmittags kommt sein Freund vorbei und sieht, was mit Norbert los ist. Die Eltern des Freundes holen Norbert zu sich und kümmern sich um ihn, bis er wieder gesund ist. Norberts Eltern haben großes Vertrauen in seine Fähigkeiten, alleine zurechtzukommen. Dabei vernachlässigen sie aber, daß die Eltern in diesem Alter für die Jugendlichen immer noch eine wichtige Anlaufstation für Fragen wie auch für Geborgenheit und Schutz sind. Es ist wichtig, die Jugendlichen darin zu bestärken, sich auch Hilfe zu holen, wenn sie welche brauchen. Darüber hinaus können Jugendliche auch lernen, ihr Bedürfnis nach Zuwendung und Geborgenheit zu befriedigen, indem sie danach fragen. Norberts Eltern stehen durch ihre lange Abwesenheit nicht als Berater oder als fürsorgliche Freunde für ihren Sohn zur Verfügung. Durch das Verhalten der Eltern werden Norberts Bedürfnisse abgewertet, weil sie nicht für einen angemessenen Ersatz gesorgt haben.

Susanne (16) hat seit einigen Wochen einen festen Freund. Da sie sich zu Hause wohl fühlt, treffen sich die beiden häufig bei ihr. Sie schmusen vor ihren Eltern und sind sehr verliebt. Eines Abends kommt Susanne nochmals in das Zimmer ihre Eltern: „Oliver und ich wollen gern miteinander schlafen. Ich wollte vorher gerne mit euch über Verhütungsmittel sprechen. Wir sind uns da nicht so ganz einig. Oliver meint, wir könnten es auch ohne probieren." Die Eltern erörtern daraufhin mit Susanne das Problem. Sie bestärken sie darin, Verhütungsmittel zu benutzen und sprechen mit ihr über die Möglichkeiten, sich ohne Geschlechtsverkehr sexuell zu befriedigen. Susanne hat viel Vertrauen zu ihren Eltern. Sie hat eine Frage zu einem Bereich, der zwischen Eltern und Jugendlichen häufig sehr belastet ist: die Sexualität. Ihre Eltern akzeptieren Susanne mit ihren Wünschen und Bedürfnissen. Sie nehmen sie ernst und beraten sie.

Thomas (15) geht noch zur Schule. Obwohl seine Eltern ihn immer wieder bitten und auffordern, weigert er sich hartnäckig, seinen Beitrag im Haushalt der Familie zu leisten. Er kommt und geht, wann er will. Verabredungen hält er nicht ein. Seine Geschwister Tobias (13) und Inga (17) und seine Eltern sind mittlerweile schon sehr ärgerlich darüber. Sie rufen alle zu einem Familienrat zusammen und legen gemeinsam für jedes Familienmitglied einen Aufgabenbereich fest. Thomas ist dabei und stimmt den Verabredungen zu. Alle sind erleichtert. In der Woche danach gibt es jedoch Schwierigkeiten: Thomas hat das Wäscheamt. Weil er seine Aufgabe nicht erledigt hat, haben die anderen Familienmitglieder Probleme; es fehlt saubere Unterwäsche, und auch die Handtücher werden knapp. Damit sie zurechtkommen, wäscht Inga. Allerdings tut sie dies nur sehr ärgerlich. Als sie Thomas zur Rede stellt, antwortet er: „Ach ja, das habe ich einfach vergessen." Sie erzählt davon auch ihren Eltern, woraufhin die Mutter sagt: „Tja, der Thomas ist schon so ein Schussel." Und der Vater fügt hinzu: „Mal sehen, ich hoffe, er macht am Wochenende wieder alles gut. Ich glaube, ich muß ihm dabei mal helfen." Thomas hat ein bequemes Leben. Er trifft zwar Verabredungen mit seiner Familie, aber er hält sich nicht daran. Indem er seine Verpflichtungen ‚vergißt', wertet er seine Denkfähigkeit ab. Er übernimmt auch nicht die Verantwortung für sein Versäumnis („man kann ja mal was vergessen"). Durch ihre Bereitschaft, ihm nachzugeben, ihm sogar zu helfen, bestärken ihn seine Eltern in dieser Abwertung („er ist eben vergeßlich – da kann man nichts machen"). Auf diese Weise werden die Bedürfnisse der übrigen Familienmitglieder nicht ernst genommen. Thomas lernt dabei, daß er am besten zurechtkommt, wenn er Verabredungen eingeht. Er muß sie ja nicht unbedingt einhalten.

97

Übungen zum Problemlösungsverhalten

0 bis 6 Monate

Überprüfen Sie die Liste, finden Sie heraus, was stimmt oder nicht stimmt:

Säuglinge:

– stellt man am besten allein in einen ruhigen Raum.
– kann man schnell verwöhnen, wenn man sie herumträgt.
– muß man in festem Rhythmus füttern und ja nicht nachts.
– dürfen nicht ins Elternbett.
– schreien aus Wut und wollen nur ihre Eltern tyrannisieren.
– muß man pünktlich versorgen.
– schreien meistens, weil sie Hunger haben, füttern ist deshalb immer richtig.
– darf man nicht lange schreien lassen.
– brauchen Hautkontakt.
– merken nicht viel im ersten Vierteljahr.
– brauchen menschliche Nähe.
– brauchen konstante Beziehungen.
– schreien auf unterschiedliche Art.
– brauchen Anregung.
– brauchen nicht so viel Bewegung.

Sie finden die Antworten auf diese Fragen alle in diesem Buch.

6 bis 18 Monate

1. Selbstbeobachtung: Achten Sie eine Woche lang darauf, wie Sie Ihrem Krabbelkind ermöglichen, viele Erfahrungen zu machen, vor allem, sich fortzubewegen.
2. Identifizieren Sie sich mit Ihrem Kind. Legen Sie sich

98

ruhig hin und schließen Sie die Augen. Wenn Sie entspannt sind, stellen Sie sich vor, Sie sind ein Jahr alt ... Sie mögen sich gern fortbewegen ... stellen Sie sich die Möbel in Ihrer Wohnung vor ... aus Ihrer Perspektive als Einjähriges ... Haben Sie den Schutz, den Sie brauchen? ... Können Sie lernen, was für Sie nötig ist? ... Machen Sie die Erfahrung, daß Lernen gefährlich ist und Schmerzen bringt? ... Lernen Sie, daß Sie wichtiger und wertvoller sind als Gegenstände?

3. Stellen Sie sich vor, Sie können gerade laufen. Ihre Eltern lassen Sie die meiste Zeit im Bett, Stühlchen oder Laufstall, manchmal auch längere Zeit allein ... Wie fühlen Sie sich? ... welche Erfahrungen machen Sie?

4. Stellen Sie sich ein Problem mit Ihrem anderthalbjährigen Kind vor ... Wenn Sie alle drei Ich-Zustände benutzen, was sagen Sie aus Ihrem – Erwachsenen-Ich? ... – Eltern-Ich? ... – Kind-Ich? ... über das Problem? ... Was nehmen Sie wahr?

18 bis 36 Monate

Sie können in kleinen Schritten Ihr passives Verhalten beobachten und durch Verhalten ersetzen, das Ihrer Wahrnehmung entspricht. Beobachten Sie nur jeweils eine Ihrer Handlungsweisen oder Äußerungen.

Sagen Sie vielleicht: anstatt: „Du machst mich wütend" „Ich ärgere mich, wenn du ... machst", „Du machst mich glücklich", „Ich freue mich, daß du da bist", „Du machst mich traurig", „Ich bin traurig, wenn ...", „Du machst mich bange", „Ich befürchte, daß du ..."

Wenn Sie das Kind für Ihre Gefühle verantwortlich machen, was mißachten Sie dabei? Viele Du-Botschaften weisen darauf hin, daß Sie Verantwortung eher abgeben als übernehmen.

3 bis 6 Jahre

1. Ziehen Sie von Zeit zu Zeit am Abend Bilanz: Wie habe ich meinem Kind heute gezeigt:
   - daß es gut denken kann?
   - daß es ein Recht auf seine Gefühle hat?
   - daß es nicht für meine Gefühle verantwortlich ist?
   - daß ich es gerne habe ist?
2. Achten Sie einige Tage lang darauf, ob Sie Ihrem Kind etwas zuschreiben wie: „Du bist wie dein Onkel (den wir alle nicht mögen)!", „Du Dummkopf!", „Du bist zu dumm!", „Du alter Nörgelfritze!", „Du alte Heulsuse!", „Du bist schuld, daß ich ..."
   Drohen Sie Ihrem Kind? „Wenn du so weitermachst, mag dich keiner leiden."

6 bis 12 Jahre

Selbstbeobachtung:

1. Achten Sie darauf, wie Sie Ihr Kind fragen:
   - Sind die Fragen klar?
   - Stellen Sie Fragen, wenn Sie eigentlich Ihre Meinung sagen wollen?
   - Stellen Sie Fragen, wenn Sie Ihr Kind eigentlich zu etwas auffordern wollen?
2. Beobachten Sie, wie Sie mit Äußerungen Ihrer Kinder umgehen:
   - Antworten Sie Ihrem Kind oder schweigen Sie?
   - Geben Sie häufiger ungenaue oder ausweichende Antworten?
   - Sagen Sie die Unwahrheit? Benutzen Sie „Notlügen"?
3. Achten Sie einige Zeit darauf, wie Ihr Kind Ihre Fragen beantwortet und wie Sie darauf reagieren:
   - Sind die Antworten auf die Fragen bezogen oder ausweichend und ungenau?

- Geben Sie sich mit ausweichenden Antworten zufrieden?
- Bestehen Sie darauf, daß Ihr Kind genau antwortet?

12 bis 19 Jahre
Sie können den Heranwachsenden mehr und mehr Verantwortung übergeben und sie im Schutz der Familie üben lassen. Solche Übungen können sein:
1. Eine Woche lang allein das Haushaltsgeld zu verwalten und einzukaufen. Bei Bewährung auch für einen längeren Zeitraum.
2. Speiseplan aufstellen nach Absprache mit allen Familienmitgliedern über ihre Vorlieben und abwechselnd kochen.
3. Leben wie ein Junggeselle im Elternhaus, wenn Ihre Kinder älter als 16 Jahre alt sind. Dazu gehören alle Konsequenzen, die ein Untermieter zu tragen hat und natürlich auch die damit verbundenen Rechte. Dies ist nur zu empfehlen, wenn die Eltern mit ihren Kindern partnerschaftlich leben und davon ausgehen können, daß ihre Jugendlichen nicht selbstschädigend sind, indem sie vielleicht nicht ausreichend schlafen, unmäßig trinken usw.
4. Absprachen aushandeln z. B. über gemeinsame Arbeit im Haushalt. Dazu gehören vor allem auch Konsequenzen für den Fall der Nichteinhaltung der Vereinbarung, die von allen akzeptiert werden.

Eltern zwischen Antreibern und Erlaubern

Was sind Antreiber und Erlauber?

Wir alle haben unbewußte Vorstellungen über das Leben und damit auch über das „Eltern-Sein". Nützlich ist es, sich diese Annahmen einmal bewußt zu machen und daraufhin zu prüfen, ob sie uns das Leben erleichtern oder ob sie nicht sogar manchmal wesentlich dazu beitragen, wenn wir uns gestreßt fühlen. In der Transaktionsanalyse ist es uns wichtig, das Verhalten von Menschen zu erklären und gut verständlich schwierige Vorgänge darzustellen. Menschliches Verhalten ist sehr vielschichtig, und wir verhalten uns in der Gegenwart häufig so, wie wir es in der Vergangenheit unter anderem bei unseren Eltern erlebt haben. In unserer Umwelt erleben wir von früher Kindheit an Vorbilder für Verhalten. Wir sehen, wie unsere Erziehungspersonen ihre Arbeit tun, wir spüren es am eigenen Leibe, wie unsere Eltern Aufgaben bewältigen, Probleme lösen oder auch nicht, wie sie Freizeit gestalten. Außer durch ihr Vorbild beeinflussen die Eltern ihre Kinder auch durch ihre direkten Bemerkungen über das Leben. Kinder hören diese oft als Anweisungen, die sie verinnerlichen. In der Transaktionsanalyse nennen wir diese Anweisungen „Antreiber", – Muster, nach denen wir, ohne daß es uns bewußt ist, unser Leben gestalten. Diese Muster erschweren uns häufig unser Alltagsleben. Wir meinen, daß es sich gerade für Eltern lohnt, die „Antreiber" in ihrem Leben aufzuspüren, um sich ihr Leben zu erleichtern. Aus der Sichtweise der Transaktionsanalyse gibt es fünf grundlegende Strategien, mit denen wir

102

meinen, das Leben bewältigen zu können, besonders in Zeiten, in denen wir glauben, unsere Ziele nicht zu erreichen, etwas nicht zu können oder in denen wir einfach nicht gut gestimmt sind. Durch häufige Wiederholung wirken sie wie ein unbewußter Zwang. Wir glauben, daß wir in Ordnung sind und Schwierigkeiten meistern werden, wenn wir ihnen folgen. Den Antreibern gemeinsam ist die Forderung, das jeweils geforderte Verhalten ganz und gar durchzuhalten. Das ist ein nicht zu erfüllender Anspruch und bedingt oder verstärkt bestehenden Streß. Die fünf Antreiber sind:
- Sei perfekt!
- Beeil' dich!
- Arbeite hart, streng dich an!
- Sei stark!
- Mach es allen recht!

Für das Familienleben bedeuten diese Antreiber nicht nur, daß die Eltern unter ihnen leiden, sondern auch, daß sie ihr Antreiberverhalten den Kindern weitergeben. Antreiber sind leider sehr ansteckend. Die Antreiber bedingen ein bestimmtes Verhalten und in der Person auch Zustände, die nach außen wirken, sichtbar oder indirekt: Der ewig Eilige z. B. vibriert manchmal vor Ungeduld, das teilt sich anderen mit. Er ist besorgt, zu spät zu kommen und bricht zu früh auf. Er vollendet die Sätze anderer, unterbricht mit „komm zur Sache", verdreht die Augen, trommelt mit den Fingern, wird kribbelig und unleidlich. Die innere Elternstimme sagt „du schaffst es nicht" oder „stell dir vor, die Gäste kommen, und der Tisch ist nicht gedeckt". Abhängig von der Intensität des Antreiberverhaltens wird die Stimmung in der Familie beeinträchtigt und zeitweise ungemütlich und gequält. Wenn das Leben unter Antreibern so schwierig ist, können wir uns fragen, wie es kommt, daß diese Verhaltensmuster so weit verbreitet sind und von so vielen Menschen gelobt und verteidigt werden. In der Kindheit werden diese Anweisungen von Autoritäten gegeben, weil diese in dem Irrtum befangen sind, daß durch die beschriebenen Anstrengungen „alles machbar" wird, daß sie dafür sorgen, daß wir mit uns zufrieden sein oder werden können. Ein genau, ja sogar pedantisch arbeitender Mensch, der sich abrackert, keine Mühen und Anstrengungen scheut, genießt hohes Ansehen am Arbeitsplatz. Schnelligkeit in der Schule, im Haushalt und im Beruf wird von anderen bewundert, und wir werden in der Schule geradezu auf Tempo getrimmt – und nicht nur dort! Die Antreiber übernehmen wir unbewußt von den Eltern und anderen Erwachsenen, weil wir ihnen gefallen wollen, ihr Lob brauchen. Wir folgen den antreibenden Botschaften auch mit Eifer, weil wir die unterschwellig in uns gesetzten Zweifel entkräften wollen. Wir wollen unsere Lebensfähigkeit durch Tüchtigkeit beweisen. Das Kind glaubt, „nur wenn ich stark bin ..., schnell bin ..." kann ich es schaffen, und der Erwachsene wird blind für kreative Alternativen. Wenn wir nicht erreichen, was wir uns vorgenommen haben, haben wir unangenehme Gefühle und fangen eventuell von vorne an, mit noch mehr Mühen. Wir geraten dann in einen Teufelskreis. Wir kennen den workaholic und die vielen überarbeiteten Menschen, unter denen sich der Herzinfarkt und andere Gesundheitsstörungen ausbreiten. Die Antreiber durchziehen unser ganzes Leben, sind Teil unserer Techniken, unsere Aufgaben zu bewältigen, und es ist schwierig, sie aufzugeben und ein anderes Verhalten einzuüben. Um aus Antreiberverhalten auszusteigen, müssen wir uns selbst Erlaubnisse geben, die die innere Stimme allmählich übertönen. Für jeden Antreiber gibt es spezielle Erlaubnisse. Ein Klient sagte zu uns: „Mein Leben hat eine gute Wendung genommen, als ich die Erlauber auftreten ließ, und auch die Helferinnen in meiner Praxis sind glücklicher geworden." Wenn wir uns vornehmen, uns nicht mehr so anzutreiben, spüren wir etliche Widerstände dagegen: – unsere Mitmenschen mögen uns lieber mit Antreibern, wenn sie ihnen nützlich sind, – wir müssen auf manches Lob und manche Bestätigung verzichten und uns dafür andere Zuwendung suchen, – unser Wunsch, auszusteigen kollidiert sehr mit unseren Gewohnheiten, unseren eingeschliffenen Bahnen, unserer Routine, – Verhaltenänderung kann sehr beunruhigend und ängstigend sein, – unsere Antreiber können geradezu hartnäckig weiter existieren, weil wir leicht Gefahr laufen, sie in unserer Bemühung um Veränderung anzuwenden und damit festzuhalten. So kann jemand, der sich immer beeilt, nicht schnell genug den Antreiber loswerden, was schädlich sein kann. Eine besondere Schwierigkeit besteht darin, daß wir natürlich auch weiter unsere Aufgaben den Anforderungen gemäß erledigen müssen. Ein Feuerwehrmann kann nicht Pause machen, wenn es brennt, und ein Baby muß gestillt werden, wenn es Hunger hat, auch wenn die Mutter gerade Ruhe braucht. Wir müssen also eine Balance finden zwischen Verantwortung, Pflicht und unseren Bedürfnissen. Das alles können wir ohne den Umweg über Antreiber und wir sparen Kraft dabei.

Wodurch sich Eltern das Leben schwer machen und was sie anders machen können

Sei perfekt!
(Gute Eltern machen keine Fehler.)
Es gibt keine perfekten Eltern. Trotzdem leben viele Eltern mit der Vorstellung, keine Fehler machen zu dürfen. Sie sind ständig von der Sorge geplagt, alles richtig zu machen: „Ist es auch wirklich richtig, daß ich mein Kind stille? Vielleicht sind doch zu viele Umweltgifte in der Muttermilch." „Ich möchte nur das beste Spielzeug für meinen Sohn, er soll optimal gefördert werden." „Ich gebe meiner Tochter nur ganz gesunde Nahrungsmittel." „Hoffentlich ist diese Schule wirklich gut genug für mein Kind." Sie denken sehr viel über ihre Entscheidungen nach, die sie im Alltag treffen und prüfen, ob es nicht doch etwas Voll-

kommeneres oder Besseres gibt. Sind sie einmal davon überzeugt, das Richtige zu tun, lassen sie keine andere Meinung mehr gelten. Stellen sie dann vielleicht fest, daß sie etwas verkehrt gemacht haben, fühlen sie sich schuldig und machen sich selbst schwere Vorwürfe. Sie haben einen hohen Anspruch an sich selbst wie auch an andere. Sie billigen sich nicht zu, daß sie erst lernen müssen, wie es ist, ein Kind zu haben. In einem Lernprozeß macht man auch Fehler. Eltern, die sich zu ihrer Unsicherheit bekennen, werden häufig belächelt oder gar schief angesehen. Dabei ist Unsicherheit im Zusammenleben mit Kindern durchaus verständlich, ja vielleicht sogar nützlich. Bei der Geburt eines Kindes kommt nicht nur das Kind neu in diese Welt, sondern zwei Menschen bekommen auch eine neue Aufgabe: Sie werden Eltern. Auf die Geburt bereiten sich viele Eltern noch sorgfältig vor, und das ist auch sehr gut so. Ihnen ist jedoch nicht klar, daß das lange Leben mit einem Kind eine Reihe von Lernprozessen beinhaltet, bei denen sie auch Fehler machen.

Beispiele: Drei junge Paare mit Kindern haben nach längerer Freundschaft beschlossen, zusammenzuleben, um die Kinder gemeinsam aufzuziehen und für sich mehr Freiheit zu haben, als es in der herkömmlichen Familie möglich ist. Sie haben den Umzug gut geplant. In der neuen Wohnung geht zuerst alles ganz gut; aber als sie ein wenig vertraut geworden sind in der neuen Situation, macht sich „Sand im Getriebe" bemerkbar. Herr U. kann gut vorausplanen und macht gute Vorschläge zur Organisation. Bei der Durchführung seiner Pläne stellt sich dann allerdings heraus, daß er nie zufrieden ist mit dem, was die anderen aus seinen Plänen machen, daß er umständlich ist und, am wenigsten angenehm, die Kinder in ihrer Unberechenbarkeit ein Störfaktor für ihn sind. In einer Besprechungsrunde sagen ihm die Gruppenmitglieder, was sie stört und wie sie sich fühlen. Sie beraten zusammen mit Herrn U., wie sie

106

sich künftig verhalten wollen. Sie erklären Herrn U., daß sie sich nicht seinen Ansprüchen unterwerfen werden und daß das ungestörte Leben der Kinder wichtiger ist als starre Pläne. Sie wollen trotz der Pläne aktuelle Bedürfnisse berücksichtigen. Herr U. verteidigt zunächst seinen Wunsch nach genauer Planung. Flexibilität macht ihn unsicher. Dann merkt er, daß er mehr Zeit gewinnt, wenn er nicht so viel Kontrolle ausübt und diese auf seinen privaten Bereich beschränkt.

Herr K. lebt allein mit seinen drei Söhnen. Er ist seit zwei Jahren geschieden. Seine Frau lebt im Ausland, und die Familie hat gar keinen Kontakt mehr mit ihr. Herr K. ist selbständig und arbeitet zu Hause. Für seine Kinder hat er eine Betreuerin, die auch ab und zu die Putzarbeiten übernimmt. Herr K. ist sehr genau und im Beruf für seine Zuverlässigkeit bekannt. Deshalb ist er auch beruflich sehr ausgelastet. Er hätte es nötig, in den Pausen und den kurzen Abendstunden etwas Entspannendes zu tun. Statt dessen arbeitet er nach seiner Berufstätigkeit im Haushalt weiter und fordert alle Anwesenden zum Mitmachen auf. Er findet dauernd Mängel, die beseitigt werden müssen. Seine Haushälterin hat es nicht leicht, seine Ansprüche zu erfüllen, denn er verlangt auch von ihr äußerst genaue Arbeit. „Sonst lassen Sie es lieber gleich ganz!" lautet ein häufiger Ausspruch von ihm. Die augenblickliche Betreuerin ist bereits die dritte in kurzer Zeit. Auch seine Kinder müssen viel Zeit aufwenden, um Schularbeiten „ordentlich" zu machen. Fehler dürfen sich die Kinder nicht erlauben, sie müssen Texte wieder und wieder abschreiben. Der älteste Sohn von Herrn K. muß seine Übungsstücke auf dem Klavier fehlerfrei vorspielen. Für eigene Freizeitaktivitäten hat Herr K. wenig Zeit, und sein Arzt hat ihn auch schon auf die drohenden gesundheitlichen Folgen aufmerksam gemacht. Herr K. lebt eingeschränkt. Er nimmt die Dinge nur unter dem Blickwinkel möglicher Fehler *oder fehlender Vollkommenheit wahr. Er läßt sich wenig Muße zu Kontakten, und die Beziehungen zu anderen sind von seinem Kontrollbedürfnis beeinträchtigt und daher oft nur von kurzer Dauer. Spaß hat in einem so reduzierten Leben wenig Chancen.*

Das Baby von Frau B. ist zwei Monate alt. Es schreit in den letzten Tagen viel, und Frau B. hat sich bei ihrem Kinderarzt Rat geholt. Der hat ihr gesagt, daß der Sohn leider zu den gefürchteten Koliken neige, aber gesund sei. Die Kinder schreien viel in dieser ersten Zeit. Frau B. befolgt die Anweisungen ihres Arztes und tut ihr Möglichstes, um dem Kind zu helfen. Sie trägt das schreiende Baby herum, und manchmal kann sie es ein wenig beruhigen. Sie probiert auch viele Hausmittel, die ihr Freunde und Bekannte empfehlen. Trotzdem läßt es Frau B. keine Ruhe, daß ausgerechnet ihr Kind Koliken hat. Sie sucht jeden Tag von neuem Fehler bei sich und setzt sich dadurch noch zusätzlich zu ihrem Mitgefühl mit dem Kind unter Druck. Manchmal geht sie mit dem Kind auf und ab, mit verspannten Armen und gequält von ihren Selbstvorwürfen. Sie fragt sich oft, ob sie wohl eine gute Mutter sei. Sie verzeiht sich nicht, daß ihr Kind Schmerzen hat. Sie lebt in dem Irrtum, daß, wenn sie nur das richtige Wissen hätte und eine wirklich gute Mutter wäre, ihr Kind nicht schreien würde und keine Koliken hätte.

Gegen den *Sei-perfekt-Antreiber* hilft die Erlaubnis, auch Fehler zu machen, wie es menschlich ist. Es ist eine Illusion, alles perfekt zu können. Ohne den überhöhten Anspruch gelingt uns alles besser, und statt der Anspannung erfüllen uns Freude und Motivation. Wir sind auch eher mit den Leistungen anderer (auch unserer Kinder) zufrieden und zeigen das auch. Kinder und Eltern können gemeinsam lernen und wachsen. Dabei können Fehler hilfreich sein, um herauszufinden, welche Lösungen und Möglichkeiten es außer den bisher bekannten noch gibt. Es ist wichtig, daß

108

Eltern sich klar darüber sind, daß es nicht nur eine richtige Lösung, nicht nur einen richtigen Weg, nicht nur eine richtige Verhaltensweise gibt. Mit so einer offenen Einstellung kann es ein spannendes und erfüllendes Experiment werden, gemeinsam mit Kindern zu leben und Erfahrungen zu machen – mit Fehlern. Eltern können nicht alles wissen. Oft ist es deshalb hilfreich, mit anderen Eltern über Probleme und Fragen aus dem Zusammenleben mit Kindern zu sprechen. Dabei kann man dann feststellen, daß andere Eltern ähnliche Schwierigkeiten haben und ganz andere Lösungen finden.

Beeil dich!
(Gute Eltern erledigen alle ihre Aufgaben schnell und ohne Aufschub.)

Viele Eltern glauben, ihr Alltag funktioniere nur, wenn sie alles unverzüglich und in großer Geschwindigkeit erledigen. Für sie besteht der Tag aus einer Folge von schnellen und eiligen Handlungen. Während sie noch mit der einen Aufgabe beschäftigt sind, überlegen sie schon, was sie als nächstes anpacken werden. Sie haben ständig das Gefühl von Zeitnot und Zeitdruck. Am Morgen schlingen sie ihr Frühstück hinunter und treiben ihre Kinder an, doch ja pünktlich zur Schule zu kommen. Sie selbst sind auf dem Weg zur Arbeit ständig in Eile. Insbesondere solange die Kinder klein sind und Eltern viele Dinge für ihre Kinder tun müssen, ist die Zeit für solche Menschen ein großes Problem. Trotz aller Planung und sorgfältigen Vorbereitung haben die Kinder doch immer wieder ihren eigenen Rhythmus: Gerade wenn man zum Bus gehen will, stellt man fest, daß die Windeln des Babys gewechselt werden müssen. Kinder lassen sich Zeit mit dem, was sie tun. Auf einem Spaziergang bleiben sie an jeder Pusteblume stehen, wenn sie dazu Lust haben. Sie genießen es, langsam und in Ruhe zu essen. Auch wenn sie sich verabredet haben, kann es sein, daß sie sich vorher noch in ein Spiel vertiefen. Eltern, für die ihr Zeitplan sehr wichtig ist, empfinden die Aktivitäten der Kinder häufig als störend und hinderlich. Leider verpassen Eltern, wenn sie sehr stark nach dieser Vorstellung leben, viele reizvolle Augenblicke im Zusammenleben mit ihren Kindern. Sie nehmen sich nicht die Zeit, ihren Krabbler dabei zu beobachten, wie er die Welt entdeckt. Lange Erklärungen für ihre wißbegierigen Kleinkinder erscheinen ihnen zu umständlich. Die Auseinandersetzungen um Regeln mit ihrem Schulkind sind für sie vertane Zeit.

Beispiele: Die Kinder der Familie L. sind schüchtern. Herr L. ist ein Mensch, der seine Frau und die Kinder zur Eile anhält. Trödeln ist in dieser Familie nicht erlaubt oder nur selten geduldet. Herr L. wird sehr unangenehm, wenn seine Kinder nicht gleich eine Antwort auf seine Frage wissen. „Na, wird's bald!" sagt er dann. Seine Frau hat sich angewöhnt, kaum noch zu antworten. Er ist sehr schnell dabei, seine Fragen auch gleich selbst zu beantworten. Seit einigen Wochen liegt Herr L. nun im Krankenhaus. Jetzt hat seine Familie zum ersten Mal bemerkt, wie sehr sie sich anstrengt, Herrn L.'s Tempo zu folgen und wie gut ihnen die Ruhepause ohne den Vater tut. Herr L. hat schon angekündigt, daß er vorzeitig aus dem Krankenhaus entlassen werden möchte. Herr L. lebt in der Vorstellung, daß nur derjenige in Ordnung ist, der auch schnell ist. Durch seine Eile bekommt er keine Nähe zu den Menschen seiner Umgebung. Seine Unduldsamkeit führt dazu, daß seine Familie froh ist, wenn sie Ruhe vor ihm hat. Frau L. war inzwischen auf Anraten des Arztes bei einer Beratungsstelle. Sie möchte ihren Mann dazu bewegen, mit ihr eine Paarberatung aufzusuchen. Wenn Herr L. nicht mitgehen will, wird sie allein weitermachen, um zu lernen, sich nicht durch das Verhalten ihres Mannes selbst unter Druck zu setzen. Das wird auch den Kindern guttun.

110

Frau M. lebt mit ihrer Vierjährigen in einer Wohnung zusammen mit zwei Müttern und deren Kindern. Weil es ihr Spaß macht, hat sie es übernommen, für die Kinder und den Haushalt zu sorgen, während die beiden anderen Mütter in ihren Berufen den Lebensunterhalt für alle verdienen. Frau M. schmeißt den Haushalt sehr schwungvoll. Die Freundinnen sind froh, eine so tüchtige Partnerin gefunden zu haben und loben sie sehr, auch für ihre Schnelligkeit. Manchmal ist die Stimmung allerdings gereizt. Die anderen möchten gern abends nach dem Essen noch ein bißchen am Tisch sitzenbleiben und sich unterhalten, den Kindern zuhören oder einfach so dasitzen. Sie haben die Vereinbarung getroffen, daß Frau M. abends nichts mehr im Haushalt zu machen braucht, das machen die beiden Freundinnen. Frau M. hat frei und könnte auch zu Abendkursen oder Freunden gehen. Das könnte eine gute Regelung sein, wenn Frau M. nicht anfangen würde, die anderen zu drängen, sie müßten abdecken und abwaschen. Wenn die beiden das nicht tun, fängt Frau M. damit an. Sie hat einfach keine Ruhe. Sofort ist es aus mit der Gemütlichkeit. Die Freundinnen werden ärgerlich und sagen das auch, und Frau M. nimmt das in Kauf. Wenn sie nicht vorwärtsdrängt, fühlt sie sich nämlich auch nicht gut. Langsamkeit kann sie schlecht ertragen. Um den Problemen zu entgehen, rennt Frau M. manchmal in ihr Zimmer und strickt, das hält sie jedoch auch nicht aus. Sie kehrt wieder zurück. Ihre kleine Tochter ist beunruhigt und will mit ihr schmusen, aber auch dazu hat Frau M. nicht die nötige Ruhe. Den Höhepunkt erreicht das Ganze, wenn die kleine Tochter jetzt auch noch den Mund aufmacht, um etwas zu sagen. Sie stottert nämlich seit einigen Monaten, und wenn Frau M. ihr zuhören will, muß sie oft sehr lange warten, bis die Kleine einen Satz fertig hat. Je ungeduldiger die Mutter ist, umso mehr stottert sie. Eines Abends reagieren die Freundinnen nicht mehr gereizt, sondern sie fragen Frau M., was denn passieren würde, wenn sie den Tisch abräum-

ten, wann sie wollten, und Frau M. es sich gemütlich machen würde mit oder ohne ihre Gesellschaft. Frau M. legt sich probeweise auf ihr Bett und bemerkt ihre aufsteigende Unruhe. Sie bleibt liegen und ihr fällt ein, daß sie sich diese Ruhe nie im Leben erlaubt hat. Sie hat in ihrer Kindheit mit ihrer Mutter und ihrem Bruder auf dem Bauernhof gearbeitet, und es gab immer etwas zu tun, bis sie schlafen gingen. Sie haben den Hof ganz allein bewirtschaftet. Frau M. hat Spaß an der Arbeit gehabt wie jetzt auch. Sie überlegt, daß sie erst Probleme mit den anderen bekommt, wenn sie von den anderen dasselbe verlangt. Sie nimmt sich vor, den anderen keine Vorschriften mehr zu machen und sie zu respektieren. Außerdem will sie darauf achten, ob sie sich für ihr Kind mehr Ruhe gönnen kann. Wenn sie wieder anfängt, sich zur Eile anzutreiben, will sie sich daran erinnern, daß sie nicht mehr auf dem Bauernhof lebt, auf dem es so viele unaufschiebbare Arbeiten zu erledigen gab.

Das Elternpaar A. sitzt mit seinem sechs Monate alten Sohn auf dem Fußboden und sieht begeistert zu, wie er sich bemüht, sich umzudrehen. Er schafft es schon beinahe, und seine Mutter gibt ihm dabei einen kleinen Schwung, damit er sich dreht. Ihr Mann sagt: „Was machst du denn, laß das doch mal. Das muß er selbst machen. Er kommt doch gar nicht darum herum, seine Entwicklungsschritte selbst zu machen." Seine Frau antwortet: „Ich finde, es kann nicht schaden, wenn ich ein bißchen nachhelfe. In meinen Büchern über Entwicklung des Kindes steht, daß er bald anfangen wird, sich zu drehen, und ich finde, er läßt sich ganz schön Zeit damit, er hat richtig die Ruhe weg. Wenn er das immer so macht, trödelt er vielleicht im Leben immer so hinterher." Herr A. ist leicht gereizt: „Du bist dauernd in Eile, nun auch wieder mit dem Kleinen. Er hat doch ein Recht auf sein eigenes Tempo." Frau A. ist ungeduldig und hat es häufig eilig. Ihre Mutter sagt, sie sei so

112

flink. Sie sagt das nicht ohne Stolz. Frau A. genießt den Augenblick nicht gelassen, sie muß vorantreibend eingreifen, wie sie meint, sie gönnt sich und anderen wenig Ruhe. Wenn sie ihr Kind stillt, sieht sie sich schon in Gedanken bei der nächsten Tätigkeit und findet, daß ihr Sohn zu langsam trinkt. So verpulvert Frau A. ihre Kraft mit „vorauseilenden" Phantasien und gleichzeitiger. Arbeit. Sie plant nicht im Rahmen ihrer Möglichkeiten, sondern sie paßt ihre Fähigkeiten ihrer Zeitplanung an.

Gegen den *Beeil-dich-Antreiber* hilft sehr gut, sich Zeit zu nehmen, Pausen zu machen. Wir kommen wieder zu Atem, können in Ruhe nachdenken und sind mit uns sozusagen „im Fluß". Wir können mit anderen in echten Kontakt treten, wir nehmen uns auch Zeit für die Mitmenschen und leben in der Gegenwart. Es ist wichtig, daß Eltern immer wieder prüfen, ob ihr Zeitplan wirklich sinnvoll ist und ob er auch wirklich die Bedürfnisse aller berücksichtigt. Pläne können geändert, Vorhaben aufgeschoben werden. Viele Eltern glauben allerdings, daß dies nicht erlaubt ist. So hetzen sie durchs Leben und können die Augenblicke, die das Leben mit Kindern liebenswert machen, nicht genießen. Jeder Mensch braucht Pausen, auch Eltern, damit sie sich erholen können und zu sich selbst finden. Auch wenn Sie glauben, keine Zeit zum Verschnaufen zu haben, dann können Sie sich doch fragen: Was passiert, wenn ich langsamer mache?

Arbeite hart/Streng dich an!
(Gute Eltern strengen sich an und haben es schwer.)

Es ist eine weitverbreitete Vorstellung, daß gute Eltern es schwer haben müssen. „Na die sind ja heiter, die machen es sich leicht, die spielen den ganzen Tag mit den Kindern." „Das kann ja nicht mit rechten Dingen zugehen: Das Kind schläft jetzt schon durch." „Die haben gut reden, wenn ich den Kindern so einfach alles erlauben würde ..." Wer nicht erschöpft und am Rande seiner Leistungsfähigkeit ist, gerät

113

in den Verdacht, es sich bequem zu machen und den Weg des „geringsten Widerstands" zu gehen und: „Das kann nicht gut gehen." Viele Eltern denken sehr viel darüber nach, was sie noch alles Gutes für ihre Kinder tun können, Kinder zu haben, bedeutet für sie in erster Linie Verzicht. Die Problemlösungen, die ihnen selbst das Leben erleichtern, kommen ihnen verdächtig vor, erscheinen ihnen als zu einfach. Der Tag beginnt mit großer Anstrengung für sie. Alles was sie noch erledigen müssen, erscheint ihnen wie ein riesiger Berg. Nur wenn sie sich angestrengt haben und erschöpft sind, dürfen sie sich ausruhen. Aber auch das fällt ihnen schwer. Ihnen fällt nämlich sofort ein, was sie noch alles zu tun haben, und schon allein die Vorstellung dieser Arbeit regt sie auf und versetzt sie in Unruhe. Ihr Kind einfach nur zu beobachten, während es spielt, erscheint ihnen nutzlos. Im Urlaub in der Sonne zu liegen ist ihnen zu öde. Sie sind ständig in Bewegung und tun etwas ‚Nützliches'. Wenn ihre Kinder größer werden, erscheint es ihnen besonders wichtig, ihre Kinder dazu anzuhalten, ihre Freizeit sinnvoll zu gestalten. Wer sein Leben, vor allem das Zusammenleben mit Kindern, nur als Anstrengung und harte Arbeit empfindet, erlaubt sich nicht, die entspannenden, lustigen und interessanten Situationen zu erleben.

Beispiele: Herr und Frau H. haben sich gesucht und gefunden. Sie haben sich im gleichen Betrieb kennengelernt, geheiratet und Kinder bekommen. Von Anfang an waren sie sich einig darüber, daß das Leben zum Arbeiten da ist. Sie haben gleich verabredet, Geld zu verdienen, um sich viele Wünsche zu erfüllen und konkurrenzfähig zu sein. Sie sind von diesem Prinzip nicht abgewichen und haben auch ihre beiden Kinder in diesem Sinne aufgezogen. Herr H. sagt ihnen oft: „Man muß immer etwas Gescheites vorhaben, Zeit zu vergeuden ist sündhaft." Fürs Spielen haben die H.s nicht viel übrig. Am Wochenende fahren sie gern mit den Kindern in den Wald. Früh um fünf Uhr morgens geht es

114

los, da sind noch keine Leute unterwegs, die ihnen die Pilze vor der Nase wegpflücken können. Die Kinder sammeln genauso gut wie die Eltern. Herr H. hat keine Ruhe zu rasten. Wenn die Kinder im Wald auf Entdeckungsreisen gehen wollen, bricht er lieber auf. Sie müssen ja auch die kostbaren Pilze schnell heimbringen und zurechtmachen. Die H.s haben nicht viele Kontakte, sie arbeiten meistens. Dieses Beispiel zeigt, daß die Menschen in diesem Antreiber im Glauben befangen sind, daß das Leben nur mit Anstrengung zu bewältigen ist und Problemlösungen nur gelingen, wenn sie mit harter Arbeit verbunden sind.

Frau D. lebt mit ihren beiden Kindern seit einiger Zeit allein. Ihr Mann ist ausgezogen, weil er eine Freundin hat und sich bei Frau und Kindern nicht wohlfühlte. Frau D. hat sich jetzt äußerlich einigermaßen zurechtgefunden. Sie hat angefangen zu arbeiten, vorläufig als Aushilfe, und kann sich und die Kinder versorgen. Dabei fühlt sie sich aber dauernd überlastet. Sie hat in der Tat viele Aufgaben zu meistern. Sie muß die Unterbringung für ihre „große" Tochter, die Schulanfängerin ist, organisieren, wenn sie morgens später Schule hat. Außerdem muß sie jeden Morgen die Kleine in den Kindergarten bringen. Mittags sorgt sie für Essen; denn die Kinder sollen möglichst so weiterleben wie vorher, als sie mit dem Vater mittags aßen. Eine Haushaltshilfe kann sie sich nicht leisten, und daher macht sie auch alle Arbeiten im Haushalt, wenn die Kinder sie nicht gerade beanspruchen. Nachmittags bringt sie nämlich ihre Kinder zur Gymnastikstunde und zur musikalischen Früherziehung, macht mit der einen Tochter Schularbeiten und spielt mit der anderen Tochter, wenn diese einmal ohne Spielgefährten ist. Sie will den Verlust des Vaters so gut wie möglich ausgleichen. Dabei sagt sie zu sich selbst: Ich muß alles tun, was in meinen Kräften steht, damit das Unrecht dieser getrennten Familie ausgeglichen wird. Ich bin verantwortlich und kann es durch

Anstrengungen wiedergutmachen. Die Freunde der Familie D. sehen mit Besorgnis, daß Frau D. sich von den Freundesaktivitäten zurückzieht und erschöpft wirkt. Eine Freundin von Frau D. kümmert sich um sie. Sie spricht eines Nachmittags mit ihr über ihre Beobachtungen und hält ihr vor, daß sie gerade bei ihren Vorstellungen von einer guten Mutter auch an sich denken muß und sich Gutes tun darf. Sie kann so außerdem den Kindern vermitteln, wie man gut mit sich umgeht, und daß es erlaubt ist, auch an sich selbst zu denken. Sie entwerfen zusammen einen Plan, wie sich Frau D. entlasten kann. Sie schlägt ihr vor, genau zu beobachten, ob alles unverrückbar so gemacht werden muß, wie sie es augenblicklich tut, und den überflüssigen Arbeitsaufwand zu streichen. Das fällt Frau D. zuerst sehr schwer; aber dann konzentriert sie sich auf die Selbstbeobachtung und entdeckt dabei ihren inneren Dialog. Ihr wird klar, daß sie ganz veralteten Vorstellungen über das Leben und die Arbeit vor allem mit Kindern folgt und daß es die Vorstellungen ihrer Mutter und Großmutter sind, die ganz andere Lebensbedingungen hatten als sie heute. Sie beginnt das, was sie bis jetzt gemacht hat, in Frage zu stellen. Sie sieht, daß sie gar nicht allein die Verantwortung für ihre Trennung gegenüber den Kindern hat und überlegt, daß es für die Kinder gut wäre, wenn sie Kontakt zu ihrem Vater hätten und daß sie dadurch ab und an ein freies Wochenende für sich haben könnte. Sie erkennt eine ganze Weile später, daß sie gar nicht mittags kochen muß, daß sie abends essen können, daß sie etwas geruhsamer leben kann, einen Fahrdienst einrichten kann für mehrere Kinder, die zur Gymnastik wollen. Sie entdeckt, daß sie viel mehr schafft, wenn sie sich nicht so überlastet und daß sie in der freiwerdenden Zeit etwas mit den Kindern unternehmen kann, das ihr genausoviel Spaß macht, z. B. Rollschuhlaufen und Schwimmen. Plötzlich hat sie ganz viele Ideen, was sie noch alles für sich tun kann und wird. Jetzt muß sie aufpassen, daß sie nicht so-

116

fort ihre Freizeit zum neuen Streß umfunktioniert. Frau D. hatte den Streß, den die Trennung mit ihren Folgen bedeutete, mit noch mehr Streß beantwortet, anstatt ihn durch Trost, Hilfe von anderen und Zulassen der Gefühle zu mildern.

Gegen den *Arbeite-hart-Antreiber* ist es wundervoll, einen „Weg des geringsten Widerstands" zu entdecken. Mancher sagt staunend: „So einfach geht das?" Die Erlaubnis, nicht umständlich zu sein oder etwas einfach sein zu lassen, was man immer tun zu müssen glaubte, schenkt uns Energie und Muße, Freiheit, etwas für die eigene Freude zu tun. Auch wer sich nicht ständig abrackert und bemüht, darf mit seinen Kindern spielen und etwas unternehmen, was Spaß bringt. Auch ohne vor Erschöpfung zusammenzubrechen, kann man sich selbst fragen: Wozu habe ich Lust, und wie kann ich es mir einrichten, daß ich es bekomme? Eltern, die nach dem Grundsatz leben: „Erst die Arbeit, dann das Vergnügen", werden vermutlich nie richtig froh; denn es gibt immer irgend etwas, das noch erledigt werden muß, gerade wenn man Kinder hat.

Sei stark!
(Gute Eltern schaffen alles allein und brauchen nichts für sich.)

Diese Eltern glauben, daß sie Belastungen und Schwierigkeiten klaglos hinnehmen müssen. Manchmal bemerken sie sie nicht einmal. Sie fühlen keinen Ärger, sondern „stecken ihn weg". Wenn sie enttäuscht werden sagen sie sich vielleicht: „Ach, das war doch nur eine Kleinigkeit." Wenn sie gefragt werden, wie es ihnen geht, antworten sie „Mir geht es gut", egal wie krank oder unglücklich sie sind. Auch wenn sie hohes Fieber haben, arbeiten sie weiter. Sie ignorieren körperliche Beschwerden und gehen spät zum Arzt. Als Eltern glauben sie, daß sie alleine für ihr Kind zur Verfügung stehen müssen, nur sie alleine es richtig machen können. Hilfe anzunehmen bedeutet für sie, ein Versagen einzugestehen: „Wenn ich mir einen Babysitter hole, fühle ich mich so unfähig. Ich muß das doch alleine hinkriegen." Sie fühlen sich besonders stark, wenn sie alles ohne Hilfe und Unterstützung tun.

Beispiele: Frau R. hat vier Kinder. Ihr Mann leidet an Krebs im Endstadium. Ihre Mutter ist zu ihr gezogen, um für die Kinder zu sorgen. Frau R. arbeitet, seit ihr Mann krank ist, ganztägig, um die Familie zu ernähren. Bevor Frau R. morgens aus dem Haus geht, versorgt sie ihren bettlägerigen Mann. Die Hilfe der Gemeindeschwester, die ihren Mann morgens und abends versorgen könnte, lehnt sie ab: „Das kann ich besser selbst machen, ich werde schon damit fertig." Abends bespricht sie mit den Kindern die Schulaufgaben und überwacht ihr Flöten- und Klavierspiel. Zu allem räumt und putzt sie noch hinter ihrer Mutter her, die nicht mehr so gut sehen kann. Sie macht alles unbeirrbar so, wie sie meint, daß es sein müßte, läßt sich kaum helfen und duldet nicht, daß sie jemand auf ihre Belastungen anspricht. Sie sagt sich: „Wenn ich nicht alles allein mache, dann bricht alles zusammen." Frau R. holt das Äußerste an Kraft aus sich heraus. Zu dem Streß, den der nahende Tod ihres Mannes für sie bedeutet, kommt der Streß durch die Überanstrengung und der Streß durch unterdrückte Bedürfnisse und Gefühle hinzu. Wenn sie sich Gefühle erlaubt, dann Trauer und die nur, wenn sie allein ist und niemand sie tröstet. Sie ist auch zornig und angsterfüllt, doch diese Gefühle weist sie weit von sich. Die Unterdrückung ihrer Gefühle führt dazu, daß auch die übrigen Familienmitglieder nicht sagen oder zeigen, was sie fühlen und sich nicht entlasten können.

Der zehn Monate alte Sohn der Eheleute G. ist an einer plötzlich aufgetretenen Krankheit gestorben. Sie haben noch einen vierjährigen Sohn. Sie sind entsetzt über den Verlust und ratlos. Sie wissen nicht, wie sie sich verhalten

118

sollen. Sie verabreden, den Kleinen nicht in das Geschehen einzuweihen, sich mit niemandem darüber zu besprechen. Sie ziehen sich zurück und vermeiden das Thema auch untereinander. Sie meinen, das Geschehene am besten zu verarbeiten, indem sie nach außen keine Betroffenheit zeigen und Leute meiden, die weinen könnten. Im Kollegenkreis lassen sie sagen, daß sie nicht angesprochen werden möchten. Sie bekommen von Verwandten viel Bestärkung für dieses Verhalten und werden wegen ihrer Stärke bewundert. Der Vierjährige vermißt den Bruder und bekommt hinhaltende Antworten. Er ist verunsichert und unglücklich, aber er wird nicht getröstet, weil die Eltern meinen, daß er ja nichts verloren habe. Dabei ist er so einsam, wie seine Eltern es für sich und ihn entschieden haben. Die G.s nehmen nicht wahr, daß sie nicht allein auf der Welt sind, daß es Menschen gibt, die sie gern haben und die ihnen gut tun können, die den Schmerz mit Tränen lindern helfen könnten und sie berühren und wärmen würden. Sie versagen sich das alles. Die Wirklichkeit, zu der ihre Gefühle und die Hilfsangebote gehören, wird von ihnen geleugnet, weil sie meinen, sie müßten nur Stärke zeigen, dann würde alles besser.

Das Ehepaar S. hat drei erwachsene Kinder. Zwei Söhne haben schon lange das Elternhaus verlassen. Einer ist im Ausland, und der andere studiert 1000 km entfernt. Beide kommen nur sehr selten nach Hause. Gerade ist die 19jährige Paula in eine 100 km entfernte Stadt zur Ausbildung gegangen. Sie hat in der Vorfreude auf das Neue und die Selbständigkeit nicht so unter der Trennung vom Elternhaus gelitten, wie sie sich das gedacht hatte. Sie hat mit Eifer alles verpackt, was ihr lieb war und ein kahles Zimmer hinterlassen, das ganz trostlos aussah. Ihre Eltern haben ihr nicht erlaubt, Möbel mitzunehmen, weil sie ja an den Wochenenden zurückkäme und überhaupt ja noch ihr Zimmer bei ihnen brauche. Frau S. klammert sich noch an das Zimmer.

Sie sagt sich: „Sie ist ja gar nicht weg, sie hat hier ihr Zimmer, eigentlich wohnt sie hier." Eine Nachbarin kommt vorbei und fragt, wie es Frau S. jetzt gehe, nachdem Paula weg sei. Frau S. schüttelt den Kopf: „Sie ist nicht weg, sie wohnt hier, sie hat nur eine kleine Schlafmöglichkeit in H." Frau S. hat sich entschieden, nicht zuzugeben, daß nun alle ihre Kinder weggezogen sind. Sie glaubt, daß sie dieses Problem nicht bewältigen kann. Solange sie die Augen vor den Tatsachen verschließt, können sie ihr auch nichts anhaben. Auch sie bekommt nicht den Trost, den sie dringend brauchte. Sie hat sich auf diesen Tag nicht vorbereitet, sie hat sich überschätzt in ihrem Gefühl, stark zu sein. Vielleicht wird es ihr gelingen, so weiterzuleben und ganz allmählich vertraut zu werden mit der Tatsache, daß ihre Kinder nicht mehr da sind, nicht mehr ihren Tagesablauf beeinflussen. Vielleicht wird sie sich neuen Aufgaben zuwenden, die sie erfüllen. Sie hat aber einen Teil von sich abgespalten, ignoriert und nicht zugelassen.

Gegen den *Sei-stark-Antreiber* können wir uns erlauben, uns selbst richtig wahrzunehmen, z. B. daß wir gerne Hilfe hätten, trauern und Trost brauchen, ein Recht haben, uns krank zu fühlen und uns hinzulegen, unsere Lasten auch auf andere zu verteilen. Wir dürfen zugeben, wenn wir uns überschätzt haben, etwas nicht schaffen oder gern mit anderen zusammen statt allein zu sein. Es gibt immer wieder Zeiten im Zusammenleben mit Kindern, in denen die Eltern sehr gut Hilfe gebrauchen können: Einen Babysitter, der das Kind im Park spazierenfährt; eine Großmutter, die mit dem Kind spielt und ihm vorliest oder im Haushalt hilft; Freunde, die die Kinder über das Wochenende betreuen, damit die Eltern Zeit für sich haben. Eltern, die glauben, alles allein machen zu müssen, brauchen auch Erholung und Zeit für sich selbst. Da sie nicht auf ihre Gefühle und Bedürfnisse achten, merken sie häufig ihre Erschöpfung erst, wenn sie zusammenbrechen und krank oder z. B. depressiv werden.

120

Mach es allen recht!
(Gute Eltern denken nicht an sich selbst. Sie sind immer nett und freundlich.)

Nach der Vorstellung vieler Eltern besteht ihre Aufgabe darin, für ihre Kinder zu sorgen und nicht an sich selbst zu denken. Die Wünsche und Forderungen der Kinder, aber auch die der Verwandten, Freunde und Arbeitskollegen sind wichtiger als ihre eigenen Bedürfnisse. Egoismus ist für sie etwas Furchtbares. Sie befürchten, andere zu vernachlässigen. Wenn sie traurig sind, wollen sie niemanden damit belästigen. Wut, die sie haben, könnte die anderen kränken oder ängstigen. Deshalb bemühen sie sich immer, anderen Menschen freundlich zu begegnen. Streit und Auseinandersetzung vermeiden sie am liebsten. Sie sind stets um Ausgleich bemüht. Wenn ihre Kinder im Supermarkt schreien, fürchten sie die Kritik der anderen. Sie versuchen, alle zu verstehen und nicht anzuecken. Sie fühlen sich dafür verantwortlich, daß ihre Kinder sich immer gut fühlen. Sie bemühen sich und tun alles, um ihren trotzigen Zweijährigen vor einem Wutanfall zu bewahren. Sie strengen sich an, um ihre traurige Tochter wieder zum Lachen zu bringen. Sie sind bereit, auf jede Eskapade ihrer Jugendlichen einzugehen, damit diese zufrieden sind und mit ihnen in Harmonie leben. Am liebsten lesen solche Menschen anderen die Wünsche von den Augen ab. Sie versetzen sich in die anderen, um etwas für sie tun zu können. Von ihrer Umgebung erwarten sie, daß ihre Wünsche und Bedürfnisse ebenfalls erraten werden. Gedankenlesen und Wünscheraten führt leicht zu Mißverständnissen: „Ich habe es ja nur gut gemeint." „Mir ist so kalt, hier hast du eine Wolldecke!" „Wenn er mich liebt, weiß er auch, was ich brauche." Niemand weiß genau, wie der andere sich fühlt und was er braucht. Deshalb ist es wichtig, dies von sich aus zu sagen. Eltern, die sich selbst nicht wichtig nehmen, vernachlässigen bei ihrer vielen Arbeit sich selbst. Da sie anderen ihre Gefühle nicht zumuten, verbergen sie ihre Wut und ihre

Trauer. Sich selbst ständig in andere hineinzuversetzen, sich für ihre Gefühle verantwortlich zu fühlen und die eigenen Gefühle zu verleugnen, ist sehr anstrengend.

Beispiele: Frau und Herr C. haben sich, lange bevor ihr Kind geboren wurde, überlegt, wie sie mit ihrem Kind umgehen wollten. Sie haben auch Bücher gelesen und viele Fachleute und Freunde befragt, ob und welche Erfahrungen sie gemacht haben mit Tragetuch und -sack. Sie haben sich entschieden, ihr Kind viel zu tragen. Ihr Kind, das nun geboren ist, scheint es gern zu mögen, so umhergetragen zu werden und bei vielen Arbeiten der Eltern dabei zu sein. Die Eltern waren auch sehr zufrieden mit dieser Methode. Doch jetzt hat Frau C. Probleme damit, weil sie unterwegs oft laute Äußerungen von Passanten hört, die sich abfällig oder zweifelnd über den Tragesack äußern, weil er schädlich sei für das zarte Rückgrat des Babys und kalt noch obendrein! Nachdem nun ihre Eltern auch noch bedenklich waren und die Kinderärztin sich ihrer Meinung nach nicht eindeutig geäußert hat, macht sich Frau C. ständig Sorgen. Wenn sie zu ihren Eltern fährt, benutzt sie einen Kinderwagen, um den Debatten über das Tragen zu entgehen. Dann macht sie sich aber Vorwürfe wegen des Kindes, das dann nicht mehr so gelassen ist, weil der Aufenthalt im Wagen gar nichts Gewohntes ist. Wenn sie zu ihren Freunden geht, die schon drei Kinder im Tuch getragen haben und darauf schwören, nimmt sie natürlich ihr gewohntes Tragetuch oder den Sack. Neulich, als sie gerade mit dem Wagen losging, fing ihre Tochter an zu weinen, und da hat sie schnell wieder den Tragesack genommen. Frau C. hat das Problem, nicht bei ihrer Meinung zu bleiben und zu ihren eigenen Erfahrungen zu stehen. Sie glaubt, daß sie ein befriedigendes Leben nur führen kann, wenn sie allen Ansprüchen anderer gerecht wird. Sie lebt leider in dem Irrtum, daß dies möglich sei und schafft sich schon damit sehr viel inneren Streß und zusätzliche Auf-

gaben, die sie davon abhalten, für sich selbst etwas zu tun.

Das Ehepaar F. hat Zwillinge, 13 Monate alt. Herr F. geht tagsüber ins Büro. Frau F. versorgt die Zwillinge und den Haushalt, eine Hilfe kann sie sich nicht leisten. Frau F. ist sehr bemüht, allen Anforderungen ihres augenblicklichen Lebens möglichst gerecht zu werden. Schon die Zwillinge könnten ihren Tag durch ihre Bedürfnisse ausfüllen; sie fangen gerade an zu laufen und nichts ist vor ihnen sicher. Zu ihrer Erdgeschoßwohnung gehört ein Garten, und ihr Vermieter hat ganz bestimmte Vorstellungen von der Pflege dieses Gartens. Der Vermieter wohnt über ihnen. Ihr Mann kommt abends müde nach Hause und muß sich erst einmal „vom Bürostreß ausruhen", er mag nichts hören und nichts sehen. Frau F. versucht, es ihm so gemütlich wie möglich zu machen. Zu allem beschwert sich der Vermieter, der keine Kinder hat, dauernd über das Verhalten der Kinder und macht Frau F. Vorwürfe. So verbringt sie viel Zeit damit, den Garten zu pflegen, die Kinder zu besänftigen oder mit ihnen wegzugehen, damit sie laut sein dürfen. Sie will nett und freundlich sein und verbraucht viel Kraft, um ihre wachsenden negativen Gefühle in Schach zu halten. Ihre Beziehungen zu den Menschen ihrer Umgebung werden dadurch unecht, und alle Beteiligten, auch die Kinder, fühlen sich unterschwellig unbehaglich. Frau F. bekommt keine wirkliche Nähe mehr zu ihrem Mann, der nicht weiß, wie ärgerlich sie auf ihn ist und was sie von ihm will. Sie überlegt nicht, was passieren würde, wenn sie den Garten anders machen oder einfach wuchern lassen würde und was passiert, wenn sie ihrem Mann ihren Wunsch erklären würde, daß er sie abends entlastet, weil beide ein Recht auf Freizeit haben. Solange sie ihre Beziehung so ungeklärt läßt, bekommt sie auch nicht die Liebe, die ihr die alltägliche Belastung erträglich macht.

Familie T. hat drei Teenager. Die Eltern sind tagsüber nicht zu Hause. Die Jugendlichen haben sehr viele Freunde bei sich, und die Wohnung ist den ganzen Tag über erfüllt von lauter Musik, manchmal noch verschiedener Klänge aus zwei nebeneinanderliegenden Räumen, wenn die Kinder nicht gerade in der Schule oder unterwegs sind. Weil hier keine Erwachsenen stören, ist die Wohnung der T.s ein sehr beliebter Treffpunkt. Die Nachbarn sind allerdings nicht einverstanden mit dem Lärm. Sie wenden sich an Frau T., denn Herr T. scheint den Lärm zu mögen, er hat jedenfalls überhaupt nichts dagegen. Frau T. findet es in Ordnung, daß die jungen Leute sich bei ihnen einfinden und freut sich, daß sie sich bei ihnen wohlfühlen Sie kann aber auch ihre Nachbarn verstehen, die sich von der lauten Musik gestört fühlen. Sie möchte niemandem etwas Unangenehmes sagen. Sie selbst hätte es auch lieber ruhiger in der Wohnung, wenn sie abends heimkommt, und sie hat nicht viel übrig für die von den Jugendlichen so geliebte Musik. Eine Zeitlang ist sie hin- und hergerissen zwischen den Parteien. Sie kämpft eine Weile schwer mit sich, ob sie jetzt mal wagen kann, klare Regelungen zu treffen. Sie hilft sich bei ihren Entscheidungsschwierigkeiten mit der Frage: „Was kann denn passieren, wenn ich auch meine Interessen durchsetze?" Sie kann sich keine schlimmen Folgen vorstellen. Sie wird mit den Jugendlichen vielleicht diskutieren, und sie wird fest bei ihrer Meinung bleiben. Frau T. ruft ihre Kinder zusammen und sagt ihnen dann, daß sie mit ihnen eine Regelung vereinbaren will über das Verhalten aller Jugendlichen in der Wohnung. Zunächst fordert sie, daß alle die Mittagsruhe von 13 bis 15 Uhr einhalten müssen. In dieser Zeit müssen sie leise sein und dürfen nur gedämpfte Musik machen. Danach soll die Musik so sein, daß die Nachbarn sie nicht durch die Wände hören. Dafür machen sie nachher einen Hörtest, der mit den Nachbarn schon besprochen ist. Wenn sie dann nach Hause kommt, möchte sie, daß die Musik außerhalb der Zimmer ihrer Kinder nicht zu hören ist,

124

weil sie etwas anderes hören möchte. Außerdem möchte sie nicht, daß in ihrer Wohnung geraucht wird, weil ihre ganze Familie nicht raucht, und sie den Geruch nicht in der Wohnung haben mag. Die Kinder mögen ihren Freunden zwar nicht gern sagen, daß sie in der Wohnung nicht mehr rauchen sollen, finden die Regelung sonst aber annehmbar. Frau T. fühlt sich erleichtert, nachdem sie gesagt hat, was sie will. Sie gesteht ihren Kindern, wie unangenehm ihr war, ihnen diese Grenzen zu setzen, und wie gut sie sich jetzt fühlt. Sie empfiehlt ihnen, doch auch einmal auszuprobieren, was passiert, wenn sie es nicht jedem recht machen.

Gegen den *Mach-es-allen-recht-Antreiber* ist es hilfreich, sich zu erlauben, an sich selbst zu denken, sich zu prüfen, ob ich will, was ich gerade zu tun mich anschicke, ob es mir Spaß macht, zum vierten Mal meiner Freundin bei ihrem Gejammer über ihren Mann zuzuhören, wenn sie gar nichts ändern will und ich meinen freien Tag genießen will. Die Erlaubnis, sich abzugrenzen oder anderen Grenzen zu setzen, hat schon vielen Eltern herangewachsener Söhne und Töchter geholfen, Ballast abzuwerfen, sich freier gemeinsamer Stunden zu freuen, während die „Kinder" endlich selbst für sich sorgten, ihre eigene Wäsche selbst wuschen usw. Nach anfänglichem Ärger der Kinder, die sich weiter betreuen lassen wollten, haben sie mehr Achtung bekommen und ein zufriedeneres Leben geführt als vorher. Es ist erleichternd, auch die negativen Gefühle zum Ausdruck zu bringen, sich selbst wichtig zu nehmen und auch zu zeigen: „Dies gefällt mir nicht." „Ich bin mit dir nicht einer Meinung." Es ist keineswegs ein unangemessener Egoismus, wenn man seine eigenen Bedürfnisse bedenkt und die Bitte eines anderen ablehnt. Eltern sollten ihren Kindern zeigen, wenn sie müde, krank, erschöpft, traurig oder wütend sind: „Ich möchte mich eine halbe Stunde ausruhen, ich habe schlecht geschlafen. Du kannst hier neben mir spielen." Was kann ungünstigerweise passieren, wenn Sie einmal an sich selbst denken?

125

Literaturhinweise

Babcock, D, Keepers, T.: Miteinander wachsen, München 1980
Berne, E.: Spiele der Erwachsenen, Hamburg 1967
Berne, E.: Transactional Analysis in Psychotherapy, New York 1961
Bowlby, J.: Bindung, München 1975
Bowlby, J.: Trennung, München 1976
Bowlby, J.: Das Glück und die Trauer, Stuttgart 1982
Clarke, J. I.: Self-Esteem: A Family Affair, Minneapolis 1981
Cramer, B.: Frühe Erwartungen, München 1991
Dessai, E.: Erziehung ohne Elternstreß, Frankfurt/M. 1984
Dornes, M.: Der kompetente Säugling, Frankfurt/M. 1994
Eliacheff, C.: Das Kind, das eine Katze sein wollte, München 1994
English, F.: Transaktionsanalyse, Hamburg 1980
Erikson, E.: Identität und Lebenszyklus, Frankfurt/M. 1966
Erikson, E.: Kindheit und Gesellschaft, Stuttgart 1971
Goulding, M. und R.: Neuentscheidung, Stuttgart 1981
Kohut, H.: Narzißmus, Frankfurt/M. 1973
Kübler-Ross, E.: Kinder und Tod, Stuttgart 1984
Leboyer, F.: Der sanfte Weg ins Leben, München 1974
Levin, P.: Becoming the way we are, Berkeley 1974
Liedloff, J.: Auf der Suche nach dem verlorenen Glück, München 1982
Mertens, W.: Entwicklung der Psychosexualität und Geschlechtsidentität Band 1: Geburt bis zum 4. Lebensjahr, Stuttgart 1994 Band 2: Kindheit und Adoleszenz, Stuttgart 1994
Montagu, A.: Körperkontakt, Stuttgart 1982
Piaget, J.: Die Psychologie des Kindes, Frankfurt/M. 1977
Rautenberg, W., Rogoll, R.: Werde, der du werden kannst, Freiburg 1984
Rogoll, R.: Nimm dich, wie du bist, Freiburg 1984
Satir, V.: Familienbehandlung, Freiburg, 1973
Schiff, J. u. a.: Cathexis Reader, New York 1975
Schlegel, L.: Die Transaktionale Analyse, Tübingen 1995
Sichtermann, B.: Vorsicht Kind, Berlin 1982
Steiner, C.: Wie man Lebenspläne verändert, Paderborn 1984
Stevens, J.: Die Kunst der Wahrnehmung, München 1975
Stewart, I. und Joines, V.: Die Transaktionsanalyse, Freiburg 1990
Zimmer, K.: Das einsame Kind, München 1982

Gesund und natürlich durch den Familienalltag

Friedrich Graf
Ganzheitliches Wohlbefinden – Homöopathie für Frauen
Ein Begleiter für die wichtigsten Lebensphasen
288 Seiten, Paperback
ISBN 3-451-22681-2

Dr. med. Helmut Niederhoff
Kinderkrankheiten von A-Z
Schnell erkennen – Richtig reagieren – Umfassend vorbeugen
Band 4482

Heribert Möllinger
Homöopathie – Die große Kraft der kleinen Kugeln
Ein praktischer Leitfaden für Patienten
Band 4366

Gisela Nickel
Wenn mein Kind allergisch ist
Symptome – Auslöser – Therapien. Der Ratgeber für Eltern
Band 4408

Johannes Forster
Wenn Kindern die Luft ausgeht
Von Asthma bis Krupp – eine ärztliche Sprechstunde für Eltern
und Kinder
Band 4329

HERDER / SPEKTRUM